孩子，你要学会保护自己

张春霞◎编著

北京理工大学出版社
BEIJING INSTITUTE OF TECHNOLOGY PRESS

图书在版编目（CIP）数据

孩子，你要学会保护自己 / 张春霞编著. —北京：北京理工大学出版社，2014.8（2017.3 重印）

ISBN 978-7-5640-9257-3

Ⅰ.①孩…　Ⅱ.①张…　Ⅲ.①儿童教育-安全教育　Ⅳ.①G611

中国版本图书馆CIP数据核字（2014）第107234号

出版发行 / 北京理工大学出版社有限责任公司
社　　址 / 北京市海淀区中关村南大街5号
邮政编码 / 100081
电　　话 /（010）68914775（总编室）
82562903（教材售后服务热线）
68948351（其他图书服务热线）
网　　址 / http://www.bitpress.com.cn
经　　销 / 全国各地新华书店
印　　刷 / 三河市华骏印务包装有限公司
开　　本 / 710毫米×1000毫米　1/16
印　　张 / 12.5
字　　数 / 145千字
版　　次 / 2014年8月第1版　2017 年 3 月第 5 次印刷
定　　价 / 29.80元

责任编辑 / 卢　静
文案编辑 / 卢　静
责任校对 / 周瑞红
责任印制 / 马振武

目录 CONTENTS

第一章　家居生活有隐患，让孩子掌握家居安全小手册

孩子意外弄伤自己，及时采取应对措施 \ 1

你有防止孩子触电的常识吗 \ 3

教会孩子避免电热毯触电的好办法 \ 6

告诉孩子，怎样防火及火灾自救 \ 7

孩子发现火灾，安全逃离有妙招 \ 10

孩子烫伤后，及时用冷水反复冲洗 \ 13

不能让孩子随便玩烟花爆竹 \ 15

千万要跟孩子说：不能随便吃药 \ 17

不小心滑倒了，家长教孩子冷热敷 \ 19

刺激物溅入眼中，教会孩子及时用水冲洗 \ 21

为了更好地与动物相处，孩子要明白什么 \ 23

告诉孩子一个人在家时，不轻易给陌生人开门 \ 26

叮嘱孩子，门窗要锁好慎防盗贼 \ 28

让孩子知道，被钉子刺到绝不能忽视 \ 31

鱼刺哽喉，告诉孩子别急于吞咽 \ 32

教会孩子吃东西噎住了，要急救按压小肚子 \ 34

教小孩子轻松对付流鼻血的妙法 \ 36

第二章　校园安全隐患多，让孩子掌握自护方法

孩子遭遇“体罚”，家长应该如何教育 \ 39
遭遇校园欺凌，孩子应该怎么办 \ 41
让孩子大胆告诉你：“我受欺负了” \ 43
孩子和同学打架了，应该教育他什么 \ 46
让孩子在体育课中避免常见的身体伤害 \ 48
孩子擦伤、切伤、刺伤，该如何自救 \ 50
孩子运动中暑，千万别着慌 \ 52
教会孩子如何在踩踏事故中保护自己 \ 55
让孩子相信身体的感觉，拒绝恶意接触 \ 56
适当地跟孩子谈谈“性”，杜绝孩子对“性”的好奇心 \ 59
教会孩子如何保护隐私部位 \ 62
明确告诉孩子哪些部位属于隐私 \ 65
如何教育孩子不受别人侵犯 \ 68
告诉孩子必要的时候，要大声呼叫求救 \ 70

第三章　户外“危险”时时有，教会孩子自救自护法

告诉孩子，风沙入眼不能揉搓 \ 73
雷电交加的时候，孩子如何自我保护 \ 75
教孩子识别“闪电”一样的高压标志 \ 77
告诉孩子不要怕，对付扭伤有方法 \ 79
注意乘车误区，确保人身安全 \ 81
告诉孩子游泳时怎么避免抽筋 \ 84
叮嘱孩子，被毒蛇咬伤千万不能揉 \ 85
迷路不要慌，妈妈传授各种自救方式 \ 88
让孩子掌握应对台风的好办法 \ 90

告诉孩子如何防范森林火 \ 92
泥潭危险，及早教会孩子“仰泳脱险法” \ 94
孩子在冰面上行走，应该注意些什么 \ 95

第四章　公共场所危险多，教育孩子对付各种安全小隐患
孩子乘坐交通工具时，注意被贼盯上 \ 99
叮嘱孩子不要吃喝陌生人送的饮料食物 \ 102
告诉孩子远离故意搭讪的陌生人 \ 104
天降“横财”不能贪，远离诈骗分子 \ 106
孩子乘坐扶手电梯，有哪些事项要注意 \ 108
告诉孩子夜间尽量不要独自外出 \ 110
告诉孩子，遇上抢劫不要跟坏人纠缠 \ 111
告诉孩子应对交通意外的种种技巧 \ 113
地铁上出现火情，孩子应该怎样逃生 \ 115
教育孩子千万不要接受陌生人的“善意” \ 118
孩子需要尊重，让孩子学会说“不” \ 121
及早让孩子学会分辨对错和好坏 \ 124
时刻叮嘱孩子，出门一定要事事小心 \ 127

第五章　给孩子坚定的意志，对抗网络上的不良“荼毒”
引导孩子，告别“网络依赖症” \ 131
别让孩子随便在网络上泄露个人信息 \ 133
告诉孩子，结交网友一定要慎重 \ 135
教会孩子文明发帖，不乱发，不违规 \ 137
让孩子知道，应该避免接触网络上的不良信息 \ 140
为孩子制定时间表，避免孩子沉溺于网络 \ 142

告诉孩子，要警惕虚拟网游的各种金钱交易 \ 143
孩子上网成瘾坏处多，家长应对需讲方法 \ 145
了解孩子上网吧的需要，教孩子消除“心瘾” \ 147
叮嘱孩子，和网友见面千万要谨慎 \ 150
让孩子掌握如何在网购中防骗子的技巧 \ 152
叮嘱孩子单次上网时间不能超过两小时 \ 155

第六章　传授孩子“心理自救”秘笈，扫清心理上的“亚健康”

教育孩子莫焦虑，防止用脑过度致疲劳 \ 159
孩子和同学发生口角，教会孩子坦诚 \ 161
家长怎么做，才能帮助孩子远离懒惰拖拉 \ 163
别让孩子当“独行侠”，避免陷入孤独症 \ 166
教育孩子不要“偷窃” \ 168
孩子转学有不适，家长该如何教育 \ 171
万一考试挫败，教孩子自我调整 \ 173
孩子考前压力大，教孩子当自己的“舒压导师” \ 176
帮助孩子戒掉过于依赖别人的坏习惯 \ 179
当意外来临，孩子应该以什么心态来面对 \ 182
教孩子用乐观克服沮丧，撇开心理阴影 \ 184
教会孩子，不要为坏人和陌生人保守秘密 \ 187
告诉孩子远离“优柔寡断”的小妙招 \ 189
当孩子有自卑情绪的时候，一定要帮助他们改变 \ 192

第一章 家居生活有隐患，让孩子掌握家居安全小手册

☆孩子意外弄伤自己，及时采取应对措施

平时，孩子常常不小心误伤自己，例如划破手指，碰伤手肘，磕破膝盖等。

［案例］涛涛在动手实践课上，正认真地搭建“桥”，他的工具是胶水、小剪子还有刀片。突然，大家听见他一声尖叫，原来他不慎把自己的手指划伤了。

操场上，大家兴致勃勃地玩着球。球冲小明脸部飞去，他躲避不及，一股鲜血流出鼻腔。

下午放学了，同学们你推我搡地下楼，走到底阶时，芳芳一不小心跪倒在地，扭伤了脚……

在很多地点，如在教室、楼梯间、实验课上，由于孩子的一时疏忽，都会有小意外发生，甚至弄伤了自己。若能迅速对受伤的地方加以处理，孩子就可缓解伤情，防止伤口感染。因此，细心的家长要知道，教会孩子掌握一些急救的方法很有必要。

1. 划（割）伤。

按住患处，使血不再流，若伤口又深又大，要举起患处，使其保持在心脏上方的位置，冷敷止血。用肥皂和温水将患处洗净，然后将创可贴贴上或者涂上药。若血止不住或是脏东西很难洗净，则需要带孩子马上就医。

2. 眼睛受伤。

勿在闭眼时揉眼，应闭着眼，让流出的眼泪清洗眼眶。若伤得很严重，则用冷敷。若出现流血或是红肿现象，且疼痛不止，应马上去医院。

3. 碰（撞）伤。

切忌用止疼药，肿患处勿用手按，以防发生内出血。

4. 钉扎。

脚隔着鞋踩在有钉子的板子上，脚很可能会被扎破。这时需要使劲拍击患处，将污血逼出，然后带孩子去医院注射破伤风针，要慎重对待。

5. 流鼻血。

应先将头往后仰，然后手捏鼻子，接着敷上在凉水里浸泡过的毛巾，不能由于怕弄脏衣服，就低着头，让血滴在地板上或者是池子里。若血继续流，就将纸球或者棉球塞进鼻孔里，然后去就医。血不流之后，24小时内切忌使劲擤鼻涕，以防再将血管弄破。

6. 蚊虫咬蜇。

被蜂蜇后，应马上挑出患处的毒刺，为防止毒性蔓延，应扎住患处上部（用细线或者皮筋）。若搽药不能缓解病情，甚至出现恶心、头晕等症状，必须马上就医。

7. 实验室烧伤。

若患处只是稍显红，应防止感染，并让其处于干燥的状态，为防止磨破，应盖上薄纱布。若患处呈焦褐色或者有起泡现象，应马上就医。

8．骨折。

当孩子遭遇骨折时，家长尤其要注意：伤患处不能动，用两片表面均匀的硬板夹住患处，将其冷敷以缓解疼痛，同时还要帮助孩子举起受伤的地方，保持在心脏的上方位置，并且马上带孩子就医。

小贴士：

孩子意外弄伤自己，需要及时采取措施。鼓励孩子加入学校红十字会，多去听红十字会的讲座，这是非常有必要的。由于这些知识不在考试范围之内，很多孩子都不当回事。可是，这些常识对于孩子自身是很有用的。

☆你有防止孩子触电的常识吗

家里虽说安全，但是仍然有危险因素存在，比如电器。顽皮的孩子乱摸电器，有时会被电击伤。如果他触摸电器的手是湿的，情况往往更加糟糕。

［案例一］彤彤刚刚从卫生间出来，手刚刚洗过，还没来得及擦干，就去开电扇。她刚碰到开关，就有一股强电流猛然袭来，瞬间击倒了她。10多分钟过去了，彤彤才恢复意识。她吓得目瞪口呆，自己的小命差点丢掉。彤彤为什么会被电流击倒呢？哪里来的电流呢？这个问题并不难回答。原来，用湿手接触电源开关，导致漏电现象的发生。

［案例二］小丽上五年级了，既懂事，学习又好。那天放学回到家，她看见电视机上落了一层灰，就想着打扫一番。她端来了一盆清水，找来了抹布。浸湿抹布后，就开始擦电视。可是，她忽视了一个问题：电视还是待机呢！当潮湿的抹布碰到机壳时，水渗入机身，结果烧坏了里面的电路板。所幸小丽没事，可电视只能“退休”了。

小孩触电现象时有发生，比如上面这两个例子。这两个触电事件的发生，有一个共同的原因，那就是孩子用湿手去摁开关。这显然是不对的。实际上，湿手触摸开关，是导致触电的诸多缘由之一。

现今手机已被广泛使用，充电器自然又成了很多小孩的玩具，而这也成为导致触电的潜在因素。再者，一些小孩比较顽皮，爱玩电线的插座，往插座孔里插剪子等金属物质，极易发生短路，导致强电流击中人体。

不过，小孩发生触电事故，很大部分的责任还在于家长。家长不仅自己应做好预防工作，并且要教会孩子如何预防触电。

那么，防止触电有哪些途径呢？

（1）买电玩时，要认清产品厂家，尤其要关注其是否安全以及设计得当，以此来减少小孩触电事故的发生。

（2）像充电的手机、打火机、电热壶等物品，应避免让小孩接触，还要让小孩离电源开关（特别是插座）远点。在这些方面，家长需要在生活中进行反复管教。

（3）切忌让孩子乱拉电器的电线，尽量将触电发生的频率降到最低。

（4）电源插座必须保证安全。通常情况下，音响、电视机等电器的电源插座离地面较近，小孩一伸手就能碰到。家长虽然也会想到把电插座安装在不易被发现的小角落里，但是调皮的孩子们总会挖空心思去找那些不起眼的小孔眼。这是他们的天性和爱好。他们找到那些小孔眼，有时会不自禁地将手伸进去探索一番，这很可能会导致触电。针对这种情况，应该如何处理呢？

家长可将一个安全性能较好的电插座盖子装在电插座上，也可安上安全隔离插销，这主要适用于电插座闲置的情况下。要是安装此类小零件不及时，将比较笨重的物品挨着电插座放也是个不错的选择，这既能保护又能隔离电插座。

当孩子触电时，需要采取怎样的应对措施呢？

第一步，隔绝电源。

孩子一旦触电，应及时用干木棍挑开电线或是拨走小孩。施救人一定要踩在木板（干纸堆）上才能直接拽开孩子，应注意要拽住孩子的干衣角将其扯开。

第二步，守在身边。

若触电时间短暂，穿过人体的电流也较微弱，小儿在摆脱电源后只有头昏、胸闷、胳膊和腿酥麻的感觉。此时，应让小儿歇息两个小时左右，家长应该在他身边守着，随时检查心跳和呼吸等情况，这通常不会危及生命。为防止感染，被烧伤的地方应该涂上消炎膏。切忌让伤者立马活动，否则会有生命危险。

小贴士：

只有找到有针对性的防御措施，才能使得孩子的安全免于威胁。我们需要从小给孩子培养防止触电的观念，同时也可以从小处着手，比如让孩子养成每次洗完手要及时擦干净的习惯，这样既可以防止孩子触电，又可以帮助孩子培养卫生意识。

☆教会孩子避免电热毯触电的好办法

每个家庭几乎都备有电热毯，因为它便宜、方便、用电量小，温度又非常适宜，人们用它来取暖再合适不过了。可是电热毯的热能是由电能转化过来的，使用时很可能因为一时疏忽就会导致触电或是火灾事故。所以，我们一定要对电热毯的性能和使用方法了解清楚，还要掌握好基本的防火知识。

刚买回来的电热毯，使用时必须严格遵循说明书，并查看家里的电压是否和电热毯的限定电压一致。存放很久后再使用或是第一次使用电热毯，一定要先接通电源，查看无危险存在时再开始使用。

孩子在使用电热毯时，往往粗心大意。但为人父为人母的，一定要教育孩子谨慎使用电热毯。使用电热毯，一定要将其平着放，切忌将其卷放或是折起来铺，否则会促使其热效应加大，致使电热毯由于接触不良或是散热不均而起火。想要保持电热毯的散热性一直处于良好的状态，就不要在其下方铺塑料布或是在上方盖厚毯子，否则人体排放的水汽就没有一个通畅的渠道进行扩散，进而将水汽留在了塑料布上，致使电热毯绝缘性变差。

通电后，若电热毯温度已达30摄氏度，就应拔掉插头或是将其调至低温挡。不能让其一直处于高温挡，否则温度会一直呈上升趋势，导致电热毯内部燃烧而起火。但是孩子往往忽略这点，父母一定要提醒孩子注意。

实际上，瘫痪在床的人或易尿床的小孩都不宜用电热毯取暖，以防出现尿液将电热毯浸湿，致使触电。

若使用电热毯时，出现如制热能力下降、散热、接触不良、漏电等情况，千万不能自己去找毛病，应马上带去专门的维修店修理。再者，对电热毯进行清理时，切忌用机洗或是手搓，正确的做法是用软毛的刷子刷洗，至其晾干，才能继续用。若想将电热毯拆后再洗，首先应抽出电热丝。要想快捷省事，只需给电热毯套个薄布套，若脏了，只洗布套就行了。还有一点要注意，即若停电或是无人在家，一定要切断电热毯电源，以免出现火灾。

一个电热毯最多只可使用10年，过了10年就不能再用了，以免电热毯漏电，引发火灾或是触电等意外事故。

对于电热毯的使用，其实除非是非常寒冷的地区，否则我们可以采用暖炉等保暖工具帮助维持睡眠环境的温度，不用过分依赖电热毯。因为电热毯虽然能让孩子睡觉的时候特别暖和，可是当孩子一起床，离开电热毯，温差大的话，孩子抵抗力稍有不足，就容易导致伤风感冒。

小贴士：

电热毯在使用过程中着了火，一定要镇定，应静下心找来灭火器快速将火浇灭。若没有灭火器，应马上将电源切断，随后取来水将火浇灭，切忌电热毯还通着电源，就向其泼水，以免引发触电。

☆告诉孩子，怎样防火及火灾自救

火是无情的，是极其险恶的，让孩子懂得怎样去防火，学会火灾自救，是绝对有必要的。在日常生活中，可能会导致火灾的易燃物，应避免让小孩接触，以防小孩玩火烧伤自己。部分家长爱逗小孩，让小孩给大人点烟或是效仿大人吸烟，这既对小孩成长不利，还极易埋下火灾的祸根，此类行为切记不要出现。

如果火灾不幸发生了，应该如何处理呢？火灾的前三分钟，火苗一般不会太大，这时可使用灭火器具、水进行消灾。假如火苗在三分钟之后还没有得到控制，就应适时快速逃离火海。对小孩讲解火灾自救时，这是首要内容。除了这些，还有什么必要的防火灾及自救知识要掌握呢？

1. 不要在蚊帐及帘子旁放置蚊香。

蚊香成为多数家庭在夏天的驱蚊必备品。需要注意的是，必须告诉孩子，要在没有易燃物的地方点蚊香。点蚊香不能靠帘子或者蚊帐太近，以防导致火灾。

无明火的电蚊香等可作为家长的极佳选择，这可将火灾发生的概率降到最低。

2. 电视等电器不用时，及时拔掉插头。

家长要注意，大多数的市区火灾都是因为电器自燃及线路漏电引起的。要防止发生因电失火的事故，应尽量杜绝很多电器同时运作的现象。此外，购买插座时，切记要挑选国家承认的及安全性能好的。电视等电器不用后，记住要拔掉插头，不可待机时间过长。

3. 打119时不要紧张。

让小孩在火灾面前不慌张，这实在很难。想到拨打119，对小孩来说已经是很好的表现了。关键问题是，让小孩保持镇定，说清楚现场状况，实在很困难。如何解决这个问题呢？这就需要在日常生活中对小孩多加培训，训练得多了，自然就会从容对待。生活中应多和小孩一起玩发生火灾就拨打119的游戏。使小孩将119牢记在心，让小孩能在拨打119时，向警察说清火灾起因（像油锅着火、机器自燃等）、现场具体地址、是否有人被困，且能从容应对电话另一头的提问，明白并传递警察的建议，从而坚持自救和逃离火海。

4. 衣物起火，切忌乱拍或者慌跑。

在火海中，若身上衣物着火，切忌用手乱拍或者乱跑。为什么呢？这种做法只会使氧气越来越多，火势反而更大。这时应该打滚，将火压灭或是想办法将衣物脱掉。若有浅水池在旁边，应快速用池水湿身或是跳进池子。

如今部分幼儿园将火灾演习纳入了教程。无论是老师还是家长，都要适时对小孩讲述怎样逃生的基础知识。家长在领小孩去一些公用场合（商场或是车站）时，应适时向小孩讲解怎样找安全出口的指示牌，并让小孩懂得一般公共场合都设置有这样的指示牌。有危险时，应按照指示牌上的箭头方向逃生。

有一个问题需要明确指出，就是遇到火警千万不能乘坐电梯。若家所在楼层比较高，经常是乘电梯进出，可领着小孩走几遍楼梯，使其慢慢了解楼梯。一定向小孩讲解火灾时不能乘坐电梯，应从楼梯逃生。

应让小孩加深这样一种认识：火灾时，首要是想办法让自己安全逃离，其他什么都不重要。大人应在小孩面前常演练，或者讲解该怎样逃离火灾现场：用湿毛巾或者湿手绢捂着自己口鼻，爬着前行或是弯着身子走，顺着安全出口的指示牌箭头快速撤离。

小贴士：

给孩子反复传授遇火逃生的技巧和路线，才能真正做到防患于未然。一定要给孩子指出，距离家门口最近的逃生走廊在哪里，防火门有什么作用等等。当孩子对这些了然于心，危险也得以大大降低。

☆孩子发现火灾，安全逃离有妙招

孩子们活泼天真，对世间的一切都很好奇，对火也不例外。但是，孩子对火的使用方法不甚了解，防患意识也比较淡薄，故而由好奇心引起的火灾极易发生。因此，父母切记要孩子远离火源，应向他们讲解应对火灾的基本知识，比如说让小孩认清一些常见的消防标志；让小孩学会拨打119，并让其知道该如何报警。当出现火灾时，哪些地方不该躲以及身上燃火应如何处理；万一不能逃离火灾现场，躲在哪些地方较安全，以及怎样让外界快速发现你所处位置等，这些都需要告知孩子。

父母应采用一些便于小孩记忆的方法，来让他们掌握应对火灾的知识。

1．读书记忆。

如今关于消防的儿童科普书及漫画书等遍布我们的周围，父母要经常关注此类书籍，此类书通常采用顺口溜或者故事的方式，这很方便小孩记忆。有的小孩已能辨认出字了，父母就可领着小孩阅读书籍，不仅使小孩对消防知识有了直接的感官认识，还能使小孩学会识字看书，两全其美。

2．调动记忆。

争强好胜是所有小孩的共有特点，都渴望听到长辈例如聪明伶俐、乖巧之类的赞扬。对此，父母和小孩可来个记忆比赛，比谁将消防知识记得最准。例如，在拨通119后应将事故地址交代清楚。父母在比赛中可故意让小孩赢，这样可以让小孩学习起来更加有劲儿。针对不同的情况，父母可以通过不同的方式，达到教会小孩的目的。

3．参观记忆。

如今，火灾越来越多，国内多数地方宣传消防的场地及设施也慢慢得到完善，父母可领着孩子多去此类场合观看，这对小孩认识更多的消防标志，以及体会逃离火灾现场很有帮助。如果时间允许，父母可领着小孩逛逛大型商场等公共场合，对小孩讲解哪些是安全出口的警示牌，哪些是撤离的警示牌，撤离时该走哪些路线等。

4．游戏记忆。

父母以及小孩经常训练如何逃离火灾现场，告知小孩如何低腰行走才对，如何使用湿手绢掩着口鼻，以免烟气进入肺部。与小孩一起模仿拨打119，但千万不能真打！

另外，父母应将逃离事故现场的细节问题向小孩讲清楚。

1．找恰当的安全通道。

听见火警信号，不能急于开门，应先将手放在门上，感受是否有热度。若较热，一定不要开门，应迅速从窗户等出口逃生。若不能从窗户逃出，可试着拿毯子等能让人容易发现的大件放在窗口，以此当作向外界求救的信号。一切准备就绪后，应守在窗口等人解救，切忌乱在屋内活动，方可降低危险发生的概率。

2．怎样处理衣服着火？

向小孩提问："若你衣服被燃着了，应怎样处理呢？"随后父母可用玩具等替代物给小孩示范"滚""卧""停"的姿势，教育小孩不能在身上着火后乱跑，应该马上躺下，用手遮住脸，就地翻滚将火苗压灭。若袖子被燃着了，就地翻滚时应尽量将手臂伸远，不要挨着头，防止将脸部烧伤。

3. 起火后该如何躲避烟雾？

火灾发生后，会有很多有毒气体产生，对人体伤害很大。所以，家里若是起火，切忌乱跑，原因是毒雾会向上升，还会迅速充斥整个屋内，所以当发觉起火并有毒雾产生时，应快速趴在地上匍匐前行到无烟的安全位置，或是匍匐前行到无烟的出口（必须安全），以迅速逃生。

4. 事先约好在一个安全的地方会合。

家长可与孩子约好在危急时刻应在哪个地方会合，例如家周围的一家商店门口、街道广场等安全的地方。若自家出现火灾，切忌再返家拿东西，一定要迅速到商量好的地点等待家人。

5. 拨打119。

让孩子知道119是火警电话，告知孩子遇到火灾逃生后，家长一般会立刻与119取得联系，向消防人员求助。若家里只有孩子自己时，那就要将拨打119的重任交给孩子了。需要注意的是，应嘱托小孩不能返回自己家打电话，应尽量跑到邻居家拨打119或是向邻居求助拨打119。将电话交到孩子手中，反复教他该如何拨打119。还要对孩子交代不能在119提出挂电话之前先挂机，待119问完他全部问题时，方可说再见并挂机。

小贴士：

很多孩子都明白发现火灾要打报警电话，不过家长除了要告诉孩子需要打119之外，还得跟孩子练习119到底要如何打。为此，我们要训练孩子，让他们掌握报警技巧，能够尽可能地把必要信息告知警方。同时在平日生活中，不妨让孩子记住街道名称，这对报警很有好处。

☆孩子烫伤后，及时用冷水反复冲洗

由于父母的疏忽、小孩的不注意，一些温度极高的液体（热水壶、饭汤和洗澡水等）极易烫伤小孩，父母应该如何采取措施来应对此类情况呢？

［案例］小红非常懂事，平时回家后放下书包就帮家里干活。一天，小红帮着老爸做饭，又是拿菜又是端碗的。美味的汤出锅了，小红端着一碗汤向饭桌走去。不料一脚没站稳，小红滑倒了，手被热汤烫着了，又热又疼。小红哭了出来。

老爸把她拽到了水池旁，让凉水缓缓浇到她手上。过了一会儿，疼痛缓解了一些，老爸就将一件又软又干净的衣服包住了小红的手，之后便立刻送她去就医了。

平时，蒸汽、热水及热油会不可避免地“找机会”烫伤小孩。如果出现这种情况，聪明的家长应采取以下措施：

（1）快速界定伤势。例如，患处疼不疼，颜色是怎样的，烫的范围有多广等，这都是需要及时搞清的情况。

（2）假如只有表皮被烫伤，但又有很剧烈的疼痛感，要马上用冷水慢慢往患处浇，浇洗时间约十分钟就可。假如还是非常疼，应接着浇洗。之后就用净布（有消毒的纱布最好）慢慢包住患处，随后用绷带轻轻扎住。

（3）如果患处的皮肤已经变成深红色，出现皮肤烧焦或是有皮脱落的情况，这就要慎重对待了。切忌在患处采取以下措施：刺泡、水洗、涂药、手摸。应用净布包住患处，马上去就医。

（4）假如被烫的范围较广，情况较严重，在还没出现浮肿的情况前应快速将手表摘下、鞋脱掉。如果不易摘脱，应马上剪断。如果衣服已经粘在了患处，一定不要再将其取下了。

家长要注意，假如热水隔着衣服烫伤小孩，不能立刻将衣物脱下，可把孩子衣服剪开脱下，也可将孩子泡入浴池，随后再脱掉衣服。脱掉衣服后，应用大量流动的水浇洗、泡洗患处。通常持续大约15分钟最为适宜。

若小孩被烫伤、烧伤的范围很广，那他的抵抗力会很差，可能会染上风寒，尽量在降温进行到一半的时候歇一会儿，然后再继续。用凉水降温有两个作用：一是能够止痛；二是能够减缓烧烫伤破坏组织的“步伐”。

如果小孩被烧烫得较厉害，脱掉衣物时发现皮肤表层已经脱落，为防止感染，那就请勿碰水了；切忌为了降温将冰敷在患处，否则会冻坏皮肤组织。涂抹伤口的药物最好使用生理盐水掺庆大霉素，涂抹后用净纱布将患处严实地包扎起来，随后应马上去就医。

若小孩的伤势不算太严重，无伤口出现，家长可在小孩烫伤处涂上药。涂药时，应注意把药水滴到患处，然后再用指头以最小的力度慢慢擦匀。擦上药之后，随即用净布片或者消毒纱布包扎好，带孩子去就医。为防止患处感染，切忌胡乱擦外用药物。

最后，平时一定要做好防患于未然的工作。冬天使用的电热炉、暖炉等，我们平时看着没什么，但是孩子皮肤娇嫩，如果过于靠近暖炉，也有可能出现高温灼伤，使孩子蜕皮，甚至出现更严重的灼伤病症。因此，除了预防火种、化学药品，我们对于发热型电器的处理也要非常得当，尽量避免其和孩子的距离过近。

小贴士：

父母要从容对待孩子烫伤。依据伤势情况，采取有效的急救措施，方可使危害降到最低。家长要明白，即便小孩的伤势很轻，也要尽量去有烧伤整形外科的诊所治疗。

☆ 不能让孩子随便玩烟花爆竹

过年前后，商店总会出售品种各异的烟花爆竹。孩子（尤其是男孩）当然非常喜欢玩烟花爆竹。但是燃放爆竹是有一定危险性的，如果不加注意，孩子就可能受到伤害。

有一些爆竹尤其危险，像那种超大型的二踢脚爆竹，响声很大，它被点燃后就会窜跑，或许还会窜到人群中，这很容易炸伤人。为了保障孩子的安全，身为父母一定要给孩子讲解一些燃放鞭炮的注意细节和正确方法。对于禁止放炮的地方（人口集中的公共场所、屋里、便池等），父母更要向孩子交代清楚。

考虑到孩子没有什么阅历，根本不清楚什么事情会导致什么危险后果，父母就应当在电视、报纸上搜集一些资料给孩子看，慢慢向他们讲解燃放爆竹烟花会存在什么风险。孩子只有对燃放烟炮的潜在危险有一定的认识，才有可能远离鞭炮，杜绝后患。

买鞭炮时，孩子需要注意哪些事项呢？有四个禁忌：购买没有燃放说明的爆竹；购买厂家没有批号的爆竹；购买劣质的爆竹；购买地摊上的爆竹。一般较规范的生产爆竹的厂家，都要经国家严密的审核才可获批。在选购烟花爆竹时，需要看清燃放说明、生产批号。这点非常重要。

家长应告知孩子尽量远离爆竹，即使燃放，也要掌握安全点燃的方法。用来点燃爆竹的工具要尽可能地长，点燃后若没有响声，切忌前去查看究竟，这时可用木棍拍击几下，证明无火再走向前。一些孩子只要听不到响声，就立马跑向前，这非常危险！可能有些爆竹的导火线内火药安放不均，迟滞了爆竹燃爆时间，但是孩子一走向前，就有可能被炸伤眼睛和脸。此外，点燃前定要仔细看清燃放说明书。特别注意的是，注明必须放在地面上点燃的，切勿在手里点燃。燃放说明书没有特别指出的，应尽量在地上点燃，且要保证其牢固性，以免在燃放时弄倒爆竹，导致失控，可能会炸伤人员。

前面我们已经提过，切忌购买无质量保证的爆竹烟花！实际上，就算是正规的烟花爆竹，孩子在玩耍的时候，还是容易引发伤害的。因此，家长在孩子玩烟花爆竹前，一定要给他们上好安全教育课；要让孩子明白，在还未点燃烟炮时，一些防护措施就应事先准备好。

除了给孩子上好烟花爆竹的安全教育课，对待烟花爆竹的安全问题，家长们最直接的方式是陪同孩子一同玩烟花爆竹，最好不要让孩子接触到火种和药引，将“点燃”工序交给家长，在家长确定烟花安全的情况下再交给孩子们玩乐。

每年春节期间，因燃放爆竹而出现的事故时有发生。若身体某处被炸伤，并导致出血，应马上用两手攥其上部，涂上三七粉或者是云南白药粉，然后用绳子或者布条勒住先前手攥的部位。若血还继续流，可用绳子或者布条勒住流血地方的上部，然后将被炸伤部位抬起，立刻去就医。若被伤了眼睛，应用净布或者纱布盖住受伤部位，然后马上就医。

小贴士：

燃放爆竹危害多，为了孩子的安全，父母需要告诫他们很多注意事项。有两点最为重要，一是不要接触正燃放着的爆竹；二是勿靠近未燃响的爆竹。再补充一点，就是勿让孩子自己点燃爆竹。

☆千万要跟孩子说：不能随便吃药

［案例］宇宇由于受风寒得了感冒，不能去幼儿园了，只能躺在床上等病好。妈妈出门了，宇宇觉得自己躺在床上很无聊。他真希望病赶快好起来呀！

他下了床，见床头柜上搁着他早晨刚吃过的药。他心说，若是多吃点药，感冒不就好得快点儿了吗？于是他将每一样药都倒了几片，然后就着水将药咽下了肚。之后，宇宇又爬上床去。他觉得很快就不用躺在床上了。

然而不久，他就感觉全身都难受起来，原来还只是感冒，现在突然就发高烧了。妈妈回来后看到他这个样子，又惊又急，立刻就送宇宇到了医院。医生了解情况后，马上就给宇宇洗了胃，随后又打了点滴。医生对宇宇说："乱吃药太可怕了，一定不要有下次！"

正如医生所说，乱吃药是非常可怕的。一些孩子感觉不舒服就独自去吃药，这极易导致药不对症，病情加重。数据显示，1～6岁的小孩最容易出现药品中毒，因为这个阶段的小孩对世界还没有一个清楚的认识，再加上对一切又那么好奇，爱去用嘴尝他感兴趣的东西，且擅长模仿大人，若家长一时没有照看好，他们就很可能会误食药品。所以，父母务必要照看好小孩，将家里常用药品储存在一块，放在小孩碰触不到的地点。

家长一定要从小教育孩子，一旦感觉不舒服应先跟父母说，一定不要擅自乱吃药。我们知道一些药品，外面裹着一层糖衣，外形也看起来跟糖块似的。所以，家长要教会孩子分清糖和药。家长可以经常跟孩子说说糖和药的区别，以防吃糖时不小心吃到了药，或是拿糖当药来吃。

告诉孩子切忌靠记忆吃药。一些孩子能把上次吃的药记得很清楚，因此，若下次再生病，他会依据上次生病的记忆还吃这种药。这种做法是错误的。由于不清楚这次的病是否和上次相同，因此，吃同一种药极易发生危险。

不过，为防止孩子乱吃药，家长除了教育孩子之外，自己也要做好功课。小孩误食药物大部分还是由于父母管理药物不善导致的。针对这种情况，我们建议父母，要想防止孩子误食药物现象的发生，除清楚掌握小孩使用药物的合适剂量、品种之外，还应妥善存放药物。

此外，家长还需要注意：平时不可将药品乱放，不要让小孩轻易就能摸到；不要哄孩子说药很甜，进而让小孩误将药当成是糖而服用；不要将大人用的药减量喂给小孩等。

小贴士：

为防止孩子乱吃药，现在市面上一些分类细致的小药箱可以派上用场。我们可以利用各种标识明确的小药箱将药物进行分类，然后将药箱放置在孩子不容易随手触及的位置。

☆不小心滑倒了，家长教孩子冷热敷

［案例］为庆贺彬彬五岁生日，父母和彬彬一块在家里聚餐。就餐中，彬彬去了一次洗手间，洗手间地面很滑，彬彬一个不慎就滑到了，头被撞出了个大包。彬彬坐在地上，疼得大哭起来。父母马上领着彬彬去就医。为以防万一，彬彬的头部被做了全面的检查，值得庆幸的是伤势并不严重。可是，一件喜事就这样被一个摔伤事件破坏了。

小孩在不断成长，平时跑得多，走得多，活动量极大，导致受伤的概率也较大，极易出现撞伤摔伤口鼻脸、膝盖等状况，严重的还可能会将头撞伤。

因此，家长必须教会小孩掌握必要的自救措施。那么，孩子摔伤跌倒，有哪些自救方法呢?

1．擦药。

轻度摔伤，若患处没有感到很痛，也并没有受到严重的污染，应用自来水或者凉水冲洗部分患处，再擦上红药水或者酒精。这一点要谨记：若患处又撞到了铁制器具上，一定要重视起来，因为患处很可能会染上破伤风杆菌。此时，家长应赶快带孩子去就医治疗。

2．冷敷。

一旦扭伤、跌伤后，患处组织内的毛细血管会大批量地破裂，会立刻渗出血液，导致患处出现淤血。因此，正常的皮肤上就会浮现一块青紫。这时，涂上药酒揉搓或者是热敷药酒，会导致部分血管又迅速扩张，血液流量会加大，流速会加快。血渗得就更快更多。按摩时若用力过猛，就会使患处组织再次受伤，更多的毛细血管会破损，再次导致出血，疼痛感和肿胀度也会加重。所以，可用凉毛巾或是冰袋冷敷此类伤患。皮肤如果被擦破，应当先用纱布包好再进行冷敷。不能冷敷太久，否则会导致皮肤溃烂，敷上2～4个小时应适当休息一下，等皮肤不再湿润再开始敷。在冷敷时，毛巾等要一直处于湿润的状态才可。此外，用冻过的水冲洗伤口既方便又有效，这样可收缩血管，使伤口消肿，可迅速产生血栓阻挡在血口处；冷敷能降低部分患处的温度，可减慢感官神经的反应速度，这样就可有效地止痛了。

3. 热敷。

伤后24个小时左右，方可进行热敷或者按揉，以促使血液循环、淤血块消散速度加快，有利于愈合患处的皮肤组织。热毛巾、热水袋都能用来热敷，60摄氏度以下的温度较为适宜。通常情况下，机体能渐渐吸收皮下组织的淤血，康复可能需大致两个星期的时间。

家长需要注意，如果是孩子的脑袋被碰伤，若是能立刻大哭起来，还记得是怎样碰伤的，很显然脑袋内部并无大碍，可躺床上睡一会儿，头要枕高一点。若头一直隐隐作痛，昏昏欲睡，睁不开双眼，反复呕吐并抽搐。这就显示孩子的头内也受到了损伤，应马上就医。

怎样让孩子防止跌倒滑伤呢？运动是一个不错的方法，如果孩子定期运动，不仅可塑造完美肌肉，还能适当降低摔倒频率，在摔倒时还能保证受伤程度不至于太严重。孩子运动的时候，要教育他们穿衣要宽松舒服，鞋子的底部、鞋跟要够宽且结实，还要能防滑。

家长要尽量使家庭环境处于安全的状态，屋内要保持充足的亮度，尤其是晚上，不可在没灯的情况下让孩子走进湿滑处。尽量在洗澡间、厨房地面铺上防滑垫，且室内要一直处于干燥的状态。

此外，让孩子牢记切忌在摔跤后慌忙站起，一定要镇定一会儿。若感觉摔伤了，一定要先呼救，如果坚持站起来可能会伤得更严重。若并无伤患处，应缓缓起身。由于急着爬起来，血压会猛地降低，进而导致头晕目眩。起身时一定要站稳且掌握身体平衡。若头很晕眩，应靠着墙缓缓起立。

小贴士

如果孩子摔倒导致手脚淤青，除了冷热敷之外，必要的揉搓也是不可少的，这样可以让淤血散得更快一点。如果孩子不耐痛，不爱揉搓，家长们可以用一枚水煮蛋，去掉蛋壳，将一小块纯银，或者纯银首饰塞在蛋黄中，再对伤口进行热敷，轻轻地揉，这样可以帮助淤血散去，也不会让孩子感到疼痛。

☆刺激物溅入眼中，教会孩子及时用水冲洗

［案例］青青在寒假期间，总是吵着要跟妈妈学烧菜。妈妈拗不过她，只好答应了。这一天，爸妈还没有下班，青青想为爸妈做一顿饭，就打开煤气，开始烧菜。赫赫是青青的弟弟，今年6岁了，他站在姐姐的旁边看姐姐做菜。

青青在做麻辣豆腐，油热后，她用小碗向锅内倒了点辣椒油。由于还比较生疏，辣椒油和高温的油刚融合就崩开了花，青青的手被烫了下，手一斜，碗里的辣椒油就全洒到了赫赫的面部。赫赫立刻就痛哭了起来。青青又惊又怕，可她并没有被恐慌冲昏头脑，意识过来后马上就带弟弟来到了洗澡间，用水龙头的水持续冲洗弟弟

的眼睛。赫赫又热又疼的感觉减轻了不少。

爸妈下班后立即就带赫赫去了医院，医生在赫赫眼部周围抹上了药膏，并用纱布包上了。医生对家人说道，若不是青青立刻做了清洗，这种辛辣食物严重刺激眼部，对眼睛的损伤极大，严重的还可能会导致视力丧失。

立刻做冲洗工作，十分有利于医生的再治疗。

青青的做法很得当很及时，因此家长应该意识到，让孩子掌握家居生活中常见的安全自救意识是非常必要的。若眼部不小心被含有刺激性物质的油、水等侵入，一定要做好现场急救，这对后续治疗发挥着关键作用。若不即时清洗就去就医，会耽误最佳治疗时机。做到即时急救，可减少刺激性异物对眼部的损害，进而帮助患者取得良好疗效。

为此，家长要让孩子掌握基本的自救方法，为孩子的进一步救治打下良好的基础。

1. 闭眼。

告诉孩子，诸如洗洁精、葱汁、醋、风油精等浸入眼内后，千万不可惊慌。应先合上眼，以防止异物继续浸入眼内。若异物一直在乱迸，应立刻远离。

2. 洗眼。

随后凭借记忆尽快到附近的水池边清洗眼睛。除了水，其他任何物质都不能用来清洗眼睛。切忌用手揉擦眼部。

异物对眼部的损害程度，取决于该物质的浓度有多高。浓度越大，损害越大。物质对眼部的损害可用水冲洗来减轻。水还能将眼内的角膜、结膜囊等表层有害物质清洗掉，可使眼睛的损伤程度减轻。所以，慢慢用手撑开眼皮，尽量冲洗干净眼中一切有害物质。

一定要谨记，冲洗的水流不能太快太猛，否则对眼睛十分不利，也容易使眼睛睁不开。还有一种方法是，端来一盆水，将整个脸埋进盆中。在水中不断睁眼闭眼，眼珠一定要来回转动，手指也要反复开合眼皮，这样可使异物尽可能最大限度地与水融合而降低浓度。该措施一般适用于伤势较轻的状况。

不管是用流动的水冲洗还是用盆水泡洗，若情形较严重，就必须多洗一会，洗到那种极其疼痛和热辣的感觉渐渐消失或减弱才算好。

3. 遮眼。

将眼部清洗过后，用净纱布盖住伤处，然后慢慢用绷带扎好，以此来尽量避免眼部再“工作”。家长最好协助孩子完成这一过程。

若眼部被伤得很严重，在做好以上措施后，一定要告知家长，然后随同家长一块去就医，到医院再做一次详细的检查及治疗。这个步骤很关键，且对防范后遗症至关重要。

小贴士：

如果有刺激性物质溅入眼睛，我们教会了孩子要立即用清水冲洗。但是，一定要跟孩子强调一个例外，那就是如果是生石灰溅入眼睛，千万不能用清水冲洗。生石灰遇上水会生成碱性的熟石灰，产生热量，灼伤眼睛。因此我们一定要跟孩子强调，遇上了石灰入眼，不要揉，不用水冲，要撑开眼睛，用棉花棒小心地去除眼睛内的石灰。

☆为了更好地与动物相处，孩子要明白什么

孩子总是喜欢可爱的小宠物，猫猫狗狗，小白兔，小乌龟等，其中

以猫狗最为常见。但是，家长们在看到宠物可爱的同时，一定不要忽视了其身上隐藏的安全问题。家长应该让孩子知道，最好不要与动物太过亲近，应有一个安全的距离。

关于与动物相处，家长要告诉孩子哪些问题呢？

1. 逗弄动物要谨慎。

看到外面的猫猫狗狗，无论多喜欢，都不能使小狗小猫受惊，不能因溺爱而过分抚摸。否则猫生气了会用爪子抓人，狗更吓人，很可能会咬人。从猫、狗的习性来看，它们有抓咬人的天性。因此，当狗正狂叫或是享受食物时，万万不可逗它玩；在猫不情愿你抱它时，也千万不要碰它。

2. 靠近动物要小心。

告诉孩子，如果想靠近狗时，切勿大喊，因为狗很可能会被吓着。孩子应慢慢接近它，让手心朝下，以示你不会伤害它。此时，狗可嗅到你的气息，凭借它的嗅觉将你储存在它记忆卡里。你要做的就是原地不动，也不用紧张。

3. 接触宠物要注意卫生。

在饲养宠物的过程中，宠物的卫生也是一大问题。宠物不像我们那样会穿鞋子，如果遛狗回家后，我们不注意给狗狗的脚丫清理干净，那么狗狗会将不少细菌带进家里，孩子摸宠物的时候就会接触到这些细菌。所以要让孩子谨记，在碰触宠物后要洗手。培养宠物讲卫生，给它专门提供一套吃住用具，一定不要将自己的物品与宠物的放在一起乱用。

4. 将宠物保护好，以免受伤生病。

每隔一段时间要对宠物的身体进行全面的检查，并注射疫苗等；应定时为宠物洁身，注意不可与动物睡在一张床上或者有过分身体接触，以防止染上动物的病菌。

同时，家长要及时将宠物的粪便清理干净，使家里保持清洁。除此之外，除了家里的宠物，孩子在外面活动的时候，也是会有机会遇到别人的宠物，甚至流浪猫狗等。因此，家长要告诉孩子，如果外出遇到陌生动物，该怎样做。

（1）告诉孩子：若骑着单车走在一条陌生的街道，一只狗突然跳出并不断地追你，你一定不要用脚踢它。否则狗很可能会拽咬你的脚，你一紧张就骑不稳车，摔下就很危险。理智的做法就是，从单车上跳下，用脚跺地并大声喝止狗前进，或是作势去拾石头，一般这样就会把狗吓跑的。

（2）若被不认识的动物咬伤，首先要做的就是挤出患处的淤血，向伤口不断淋洗肥皂水，之后抹上碘酒，自然晾置患处，尽快（最好是24小时内）到医院打狂犬疫苗针剂。若是自己喂养的宠物，应在它三个月大时去注射狂犬疫苗。

此外，喂养宠物也是挑人的。像有支气管炎、免疫力弱的小孩应尽量避免饲养小动物。有的小孩和宠物有过皮肤间的碰触后，会有一些过敏症状产生，如低烧不止、流泪、打喷嚏、皮肤奇痒难耐、有红斑出现等，这类儿童也不宜饲养小动物。

小贴士：

养宠物，既要防止被其咬到，也要注意卫生问题。养宠物的家庭，可以购买专门给宠物喷洗足部的清洁液，每次宠物出门回家，对着它们的足部喷一下，这样家里就更干净，孩子的生活环境就更卫生了。

☆告诉孩子一个人在家时，不轻易给陌生人开门

有时候，由于父母要工作，家里只有孩子一个人。家长应该提高警惕，给孩子上好安全教育课，告诉孩子当大人不在家的时候，不管外面有什么人敲自己家的门，只要是不认识的，就不要给他们开门让他们进来。这就像是“小兔子乖乖”的故事，开了门大灰狼就会进来的。

孩子在父母的教育下充分重视与警惕，才能够在自己在家的时候保证自己的生命安全以及家中的财产安全不受威胁。

［案例］周末，爸爸妈妈有事情出门了，5岁的东东自己被留在家里玩。

他们刚出门没多久，东东就听见有人在敲自己家的门。“咚咚，咚咚咚……”是谁啊？东东搬了凳子踩着看门镜，发现自己没见过这个人。

爸爸妈妈走之前跟自己说过的，家里要是只有自己看家，有陌生人敲门就当没听见，既不能出声音也不能给他开门。

东东想了想，就悄悄地走开了，没出声也没开门。一会儿那个人就走了。

等爸爸妈妈回家，东东就把这件事告诉了他们。听了东东的话，爸爸妈妈都高兴地夸奖了他：“真聪明！”

孩子就像是白纸一样，干净单纯。父母不对孩子讲明这些危险，孩子们往往会因为自己的单纯而导致意外发生。所以父母不要觉得没有必要，一定要告诉孩子，自己在家里就不要给不认识的人开门。

爸爸妈妈要提高自己以及孩子的警惕心，对孩子进行一下安全教

育，让孩子意识到这件事情的危险。

那么我们作为家长的，到底应该怎么做呢？

1．父母要为孩子做榜样。

日常生活中，爸爸妈妈也不要随便地给敲自己家门的陌生人开门。先通过门镜把陌生人来访的目的问清楚，再给他们开门。虽然这对成年人来说可能并没有什么特别大的意义，但是孩子在学习父母的行为之后，就自然而然地养成了这样的好习惯。

2．父母要对孩子讲清楚，不管门外的陌生人说什么，都不要轻易开门。

比如他说他认识自己的爸爸妈妈，是他们的朋友、同事、亲戚等等，或者是说自己是维修工人、快递员，孩子都不能听信他的话给他开门。尤其是那些拿着好吃的引诱孩子的人，几乎可以肯定就是坏人，更不能给这种人开门。

3．教育孩子，必要的时候可以电话求助。

父母应该让孩子知道这一点，当陌生人一直待在门口要求进门的时候，一定要给爸爸妈妈打电话求助，或者是在窗口上向外面呼救，直到把陌生人吓走。

4．让孩子掌握几句技巧性的回答。

在孩子跟门外的陌生人说话的时候，爸爸妈妈教他们几句技巧性的回答，让陌生人以为家里有人。孩子还可以说自己爸爸妈妈就在楼下，或是一会儿就上来，甚至是在卧室里睡觉。

5．家中进贼，谨慎抵抗。

如果坏人误以为家中无人而撬锁进门，告诫孩子先别抵抗，冷静待在一边，也别大声呼救，防止本来只想偷东西的小偷在慌张之下，伤害了孩子。

6．实战演习，亲身体验。

有的孩子不能通过一次两次的教育就意识到自己应该有警惕心，对于这种情况，父母可以没事的时候经常跟孩子一起进行“实战演习”，让孩子亲身体验当陌生人来敲门的时候应该怎么做。

最后，父母自己也要注意，在外出时，必须把孩子自己放在家的时候，一定要注意把门锁好。

小贴士：

生活中，总是经常有要给陌生人开门的时候，例如遇到快递员送包裹时。家长要提前给孩子打好预防针，告诉孩子，如果是包裹快递，为了保障安全，又为了能顺利接收包裹，可以告诉孩子让快递员给附近的邻居，麻烦邻居或者小区物业代收，等父母回家后再上门提取。

☆叮嘱孩子，门窗要锁好慎防盗贼

［案例］星期天，小安在家里看门，爸爸妈妈一早就出门去加班了。小安在家里待着非常无聊，这时候，一个同学打电话过来，邀请小安去打游戏。小安很高兴，但又立即丧气起来，说道：“我去不了，我得在家里看门，真烦！”同学劝小安说道：“去吧，就玩一会儿！没事的，大家难得都不上课，一起轻松一下，多有意思啊！”

小安想了想，反正一会儿就回来了，就去好了。他高兴地去了，没想到联机打游戏太开心，一直到天都黑了，小安才想起来该回家了。这就急忙往家里跑，结果回家一看，家门敞开着，爸爸看起来很严肃，妈妈正在那里哭呢，还有走来走去拍照的警察。

原来小安着急，没有检查是不是把门窗关好就出了门，结果招来了盗贼。盗贼发现家里没人之后，就从开着的窗户那里爬进了屋，把家里值钱的东西都偷走了。爸爸妈妈一回家，就发现家里乱糟糟一团，而且没有看到小安。妈妈立刻担心起他的安全，所以紧张地哭了。

家中的安全问题不可疏忽，不能让歹徒有机可乘。盗窃财产是小事，家人的安全受到威胁是大事。现在很多居民区因为良好的物业管理，安全都能够得到保障，但是即便如此，仍然不能掉以轻心。尤其是很多没有完善措施的小区，安全还是要靠自己来保障。加强安全意识和防范，是为了财产安全，更是为了家人（尤其是孩子）的生命安全。

由于现在双职工家庭占绝大多数，孩子们很多时候都是自己一个人在家。为了孩子的安全，爸爸妈妈应该教给他们一些应对陌生人的办法。

1. 教育孩子，当孩子自己在家就要注意把防盗门关好。

除非有必要，否则不管陌生人说什么也不能给他们把门打开。当有不认识的人打电话来，也不要让他们知道只有自己在家里。

2. 叮嘱孩子，晚上自己在家，打开灯的时候要注意关上窗帘。

因为屋里开着灯，从窗户外面就可以看到屋里的情景，有可能带来危险。不要在只有自己在家的时候带同学回家，想跟同学们联系的话可以打电话。

3. 如果歹徒已经进家门了，那就不要进行激烈的反抗或者是随意大声呼救。

小孩子在体力上是没办法对抗成年人的，保护自己的安全是第一要务。如果坏人入室行窃，窃贼并没有发现孩子，那么首先就要迅速做出判断，先藏起来，不要进行盲目的呼喊或者乱跑。等着小偷在屋里到处乱翻，不能顾及和察觉的时候，找机会逃出去，到附近报警或者是向邻居求救都可以。

窃贼一般是为了钱财，不会为此伤害孩子的生命，所以如果被发现了，也不要激烈的挣扎或呼救。一旦进行了盲目的呼救，可能会激怒或者是刺激到歹徒，使自己的生命安全受到威胁。这一点爸爸妈妈一定要让孩子明白，钱财乃是身外之物，保护自己的性命最重要。

家长还要让孩子知道，在回家路上被跟踪，或者是看到有人在窗户外面鬼鬼祟祟地向家里张望，以及在家附近被人搭讪纠缠，都要提高自己的警惕心，尽早摆脱他们。回家的时候如果没进门就发现家门或者是窗户被人破坏了，先不要急着进门。因为如果这时候歹徒还在家，就可能对孩子造成安全的威胁。应当选择报警或者是设法通知父母。

此外，家长要让孩子明白报警的方式，像拨打110，务必在报警时说明自家的位置等。如果知道坏人的样子，要对警察说明白，像性别、外貌、体型、衣着等明显的特征，要尽可能告知警察。

小贴士：

当然，紧锁门窗是为了安全，但是生活中我们不可能长期紧闭门窗，尤其是在孩子生病或者睡觉的时候，门窗过于紧闭不利于通风，长此以往对孩子也是不好的。因此，家长们最好为家庭安装好牢固可靠的防盗网。

☆让孩子知道，被钉子刺到绝不能忽视

小孩子天性好奇，各种各样的“探险”总是充斥在孩子的生活中。他们喜欢跑入废旧房间玩，有时也跑到工地玩。调皮的孩子总是到处疯跑，到处游玩。但是，像工地、废旧房间这样的场所，到处都是钉子，跑到那里很危险。

被铁钉钉伤很多人以为是外伤问题，但潜在着破伤风的危险。换句话说，生锈的钉子若扎伤了身体，有可能会导致染上破伤风。

因此，告诉孩子，万一被铁钉扎到了，千万不能忽视，要掌握自救方法。

1. 若是一些平常的小伤口，应先用流动的水冲洗患处外围的异物。

条件允许的话应用消毒药水涂抹患处，用消毒的纱布将患处包起来，然后再做包扎，及时就医。若伤口较大，家长应帮助孩子先在患处压上消毒纱布，之后马上去就医。

2. 抽筋是破伤风的最初反应。

若面部抽筋，难以张口，吃东西的时候，两耳前部的肌肉会抽筋并带有痛感。出现这种状况，家长一定要带孩子去医院了，因为这很可能就是破伤风开始“兴风作浪了”。

3. 打过破伤风免疫蛋白针剂或者破伤风抗毒针剂后，尽量自己住一个房间，周围不能太聒噪，否则声光干扰会影响到药效。

与此同时，尽量多喝水，家长让孩子多食维生素B、C及电解质，多吃营养丰富、热量高的食物。

一般情况下，外伤才会导致破伤风，尤其当伤口被粪便或是铁锈感

染。通常情况下，破伤风会在伤口出现后的1～2个星期里发作。虽说破伤风非常厉害，可如果发现及时并立刻接受诊治，击败它不是问题。一句话，治愈破伤风，最重要的就是发现及时。若小孩出门在外被弄伤，一定要向父母讲出实情，及时治疗。

另外，因为神经组织和破伤风痉挛毒的融合速度极为惊人，且二者很难再分离，所以，若破伤风发作，诊治起来非常艰难。因此，做好防御工作很关键。若伤口是可凝性的，应先帮孩子将清创、扩创的预防工作做到位，然后立刻去医院治疗。小孩群体最容易受感染，应马上去就医，并让医生注射白百破三联疫苗及时防御。

小贴士：

家长在做足安全教育的同时，给孩子挑选鞋子的时候也要注意，尤其是夏天，不少家长喜欢给孩子买塑胶类的、轻薄的凉鞋，比如洞洞鞋之类。殊不知，这种鞋子在安全性上就做得不够，鞋底厚度不足，过于柔软，往往比运动鞋、小皮鞋等更容易出现铁钉扎脚导致足部受伤的情况。因此，家长在挑选鞋子的时候，也要花心思考虑安全性。

☆鱼刺哽喉，告诉孩子别急于吞咽

［案例］鹏鹏6岁半，喜欢吃鱼，尤其是红烧胖头鱼。这天老爸又为他做了这道菜。鹏鹏吃鱼，妈妈总是先为他挑出鱼刺。但是这会儿，播放着妈妈喜欢的电视剧，且正是精彩部分，妈妈的注意力全在电视上。

鹏鹏突然大叫一声，吓得妈妈赶紧去看儿子，只见儿子把嘴张得极大。原来，他嗓子卡了鱼刺，妈妈掰下一口馒头递给儿子，说是用馒头就能将刺咽下去了，鹏鹏就吃了几口馒头，可还是感觉嗓子不舒服，妈妈问他是不是感觉很痛。鹏鹏咽了咽口水，说自己也不是很清楚。这时爸爸就说，只要不是很疼就无大碍，吃点饭，再喝点醋就会好了。

不料两天过去了，鹏鹏嗓子依然没有好，痛得厉害，连唾液都不敢咽。这可让爸妈急坏了，就带上儿子到了医院。医生掌握了鹏鹏的大致情况后，又仔细检查了一番，才谨慎地将嗓子的鱼刺取了出来。

大家都吓了一跳，这根鱼刺足有2厘米长呢！鹏鹏爸妈吃惊极了，痛苦地做起了自我检讨。

万一小孩不小心被鱼刺卡到了，应该怎么做呢？做家长的，一定要镇定，应先让孩子把嘴张大，随后拿来手电，照向孩子的喉咙，查看鱼刺有多大，在哪里卡着。若鱼刺能被看到并且离口较近，家长可用消过毒的镊子伸进去将其夹出。夹鱼刺需要爸妈两个人一块来做才能完成，首先一个人稳住孩子的头，并拿着手电筒照进孩子喉咙部，而剩下的一人只管夹鱼刺就行了。

若用手电照也看不见鱼刺，可孩子还会感到疼痛难忍并难以下咽东西；又或者是鱼刺能被看见，可是被卡位置难以碰触或是太深，这时，赶快去医院就医就很有必要了。

夹出刺后，2～3日内仍要反复查看，若小孩还是感觉嗓子痛，有一直流口水或是不好好吃饭的现象，应马上到大型诊所的耳鼻喉科进行检查，以免留有鱼刺残渣。

同时，孩子在学校或者爸妈不在家的情况下，也可能出现鱼刺哽喉的情况，因此家长要告诉孩子，万一出现了鱼刺哽喉的情况，应该怎么做。家长要告诉孩子不要试着用手把鱼刺掏出，因为这不但徒劳无功，而且还会使鱼刺陷得根深。

还有，告诉孩子不要试图喝点醋或是吃几口干食将刺咽下去，这往往会让事态变得更严重。如果用蛮力咽鱼刺，这样对喉咙和食道极为不利，还可能导致局部留下炎症或者致使并发症。

小贴士：

为避免孩子鱼刺哽喉，我们平时在挑选食材上也可以下功夫，比如脘鱼、草鱼、带鱼等鱼类就比鲫鱼、鲤鱼的骨头要少很多。因此，我们在孩子年纪还小的时候，可以尽量选择鱼刺比较少、肉质比较多的鱼类。如果要煮鱼汤，可以用汤包将鱼包起来再煮，避免鱼刺进入到汤汁中，防止孩子喝汤吞进鱼刺。

☆教会孩子吃东西噎住了，要急救按压小肚子

［案例］玲玲跟着爸爸一块，参加了爸爸组织的同学聚会。玲玲埋头吃着涮羊肉，她吃得过猛，突然被噎到了。

玲玲连话都说不成了。她摸着喉结处，仰着头，表现得非常难受。

一个人递给玲玲一杯茶，想让玲玲就着茶水将食物咽下去。可玲玲不愿喝，直摇头。另一个人给玲玲拍背，试图让食物受到振动进到肚子里。玲玲慌忙躲开叔叔的手，硬挤出声音说不能拍。

在场的所有人都急坏了，可又插不上手。

其实玲玲已经有了妙计：一开始她试着说话，是想知道气管是否被全部堵住，得知没有被全堵住后，她就试着将食物咳出来。可是她并没有成功。于是，她有了采用“海姆利克氏”方法的念头，若使用这种办法，最忌讳的就是拍击患者后背。因此，她才会拒绝了好心叔叔的帮助。

玲玲开始了。她先将两手放在肚子上，然后使大劲并快速往肚子上方按压，等她双手移至喉咙处时，已经将东西从气管里挤了出来。此时，食物很容易就被她咳出口了。

玲玲咳出食物后，非常高兴，说是妈妈教会她这套方法的。她妈妈是位医生。

在日常生活中，孩子吃饭时，由于一时急躁，食不下咽或者咀嚼不足而导致哽噎的情况时有出现。因此，家长要教会孩子在哽噎时的自救方法。

1．拍打胸口。

如果噎的不大严重，首先不要急，可以慢慢喝几口水，做深呼吸，轻轻拍打胸口，这样一般能够将食物顺下去。

2．刺激食道。

发生噎食的时候，如果可以讲话，这证明空气还是能够通过嗓子的，因此这时候可以尝试用小手指伸进喉咙，从而刺激食道，看能不能把食物吐出来。

3．推压腹部。

如果噎得很严重，吃得太急了，连话都不能说了，可尝试将自己的双手按在上腹部，快速，用力地向上推压，当手部压到喉咙的时候，就将食物挤到气管了，然后轻轻一咳，将食物吐出来。

为了防止孩子噎食，以免孩子出现危险，一定要教育孩子吃东西防止哽噎的方法。要告诉孩子，无论吃什么，都不能急。医学表明，无论是哪一种噎食，都是因为吃东西太急太快所导致的，因此，家长要从小教育孩子，吃东西一定慢慢吃，不能囫囵吞咽。

小孩子吃果冻也要注意。很多家长以为果冻是啫喱状，不怎么哽喉，其实这个想法是错的，当果冻进入气管后，柔软的果冻随着器官舒缩而产生形状改变，更加不容易被排出，很可能造成孩子呼吸困难。因此，家长要教育孩子，吃果冻的时候，要一口一口地吃，要嚼烂。

总而言之，作为家长，我们应该从小培养孩子细嚼慢咽的习惯，这样不但能预防孩子哽咽，还可以帮助食物的消化和吸收。

小贴士：

为了避免吃饭的时候哽噎，可以在吃饭前喝点汤或者吃口粥，先用流质的食物滋润肠道，进食的时候慢慢吃，这样就可以避免哽噎了。

☆教小孩子轻松对付流鼻血的妙法

在天气干燥的时候，很多孩子会流鼻血。我们要教育孩子，可以使用油剂滴鼻液，滴到鼻腔里，预防流鼻血。此外，还要戒掉辛辣事物，以免身体热气过重。一些孩子有喜欢挖鼻子的习惯，动不动就抠一下。殊不知，鼻腔内部很容易受损出血，而且这样抠鼻子，是不利于鼻腔发育的。

［案例］胡兰明是个8岁的小孩，他有一个习惯，就是喜欢挖

鼻孔。为什么要挖鼻孔呢？他觉得鼻子痒得厉害，不挖就受不了。但是挖着挖着，就有一股鲜血从鼻孔里流出来了。鲜血顺着手指往下流。

胡兰明这才注意到鼻子流血了。他赶忙奔到洗手间，打开水龙头。但是他沮丧地发现，用水洗了半天，血仍然没有止住，还是不停地往下流。他心里很慌张，不知道该怎么办才好。鼻血到底什么时候才能停住不再流呢？

当然，作为小孩，发现自己流鼻血了多少会觉得害怕。因此，我们平日里就要对孩子进行卫生保健常识教育，告诉孩子止鼻血的方法。

常见的止鼻血方法有下面几种：

1. 局部压迫止血。

头部保持竖立，用手在外部夹鼻子，着力点在软鼻子处，要保持5～10分钟。十分钟后，血流不止，应该马上就医。

2. 用去充血剂或鼻腔喷液止血。

用沾有去充血剂、鼻腔喷液或白醋的棉签塞入鼻孔，帮助止血。

3. 软膏止血法。

当鼻血被初步控制住后，可选择性地涂一些维生素E软膏、抗生素或类固醇软膏、芦荟或治痢草软膏等，促进伤口愈合，止痒和防干燥。一日2～3次即可。

4. 冷敷止血法。

冰冷的东西可让血管收缩，降低血流量。

5. 手臂（手指）止血法。

左鼻孔流血，举起右手臂，右鼻孔流血，举起左手臂，几分钟后可以止血；患者若左鼻孔出血，旁人可用中指用力勾住他的右手中指，反之亦然。

6. 蒜泥止血法。

把大蒜捣碎，倒在纱布上，并绑到脚心，促进止血。

7. 足疗止血法。

患者用热水泡脚，可以帮助止鼻血。

8. 穴位按摩法。

用食、拇指掐捏肩井穴，提起肌肉3～5秒钟即可放下，重复三次，休息两分钟后再做循环。循环三次即可。不过，孕妇不适宜用这个疗法。

小贴士：

除了病理性流鼻血及受伤性流鼻血，不少孩子多在天气干燥的情况下，出现少量流鼻血现象。为此，家长可以在秋冬季节，多给孩子做银耳莲子汤水等清润温补型甜汤，因为在干燥季节多吃甜汤能有效缓解鼻腔毛细血管破裂的状况。

第二章 校园安全隐患多，让孩子掌握自护方法

☆孩子遭遇“体罚”，家长应该如何教育

我国教育部门明文规定，老师不能体罚或者变相体罚学生。然而，家长对此有不同的看法。有家长认为，孩子不懂事，需要大人的关怀，犯了错应该教育而不是体罚，体罚不利于孩子们心理的健康发展；有家长却认为，孩子要成才必须严格管教，适可而止的体罚有助于孩子认识错误、改正错误，可谓“严师出高徒”。

有些学校也在规章制度上严禁老师体罚或变相体罚学生，并把老师的行为与奖惩挂钩。若有老师体罚学生，该老师则失去职称评选、年度考评或评奖等活动的资格。然而，体罚在很多学校还是屡禁不止。

其实，孩子的心理承受能力较弱，尤其是不经意遭受到体罚的孩子，越是感到委屈，伤害也越大。因此，家长要告诉孩子体罚的真正意义，帮助孩子减轻心理负担。实际上，班级里有些孩子很调皮或者不想学习，老师一气之下容易做出体罚的行为。

有的孩子纯粹对学习不感兴趣，老师又急又气，无计可施之下就“动手”了。其实，成绩是一个人某个阶段性的表现，现阶段成绩好就

对未来打下了一定的基础，可是现阶段成绩不理想也并不意味着他的未来没有希望。面对这种不爱学习的学生，老师往往有种怒其不争的情感，若情绪控制不住就会体罚学生。孩子也好面子，众目睽睽之下受到处罚，或者仅仅是言语上的批评，很容易伤害他们的自尊，让他们感到自卑，甚至从此自暴自弃。

学生被体罚后，家长和老师要让孩子明白体罚的真正意义。老师如果失控体罚了孩子，为了避免孩子的心理受到更大的伤害，可以采取一些补救措施。例如及时和家长沟通，不能打了罚了就算了；老师还可以向孩子释放善意，抱抱他，告诉他老师这么做不是针对他，老师的出发点是爱他；若老师行为确实过了，一定要向孩子道歉，请求孩子的谅解；和孩子交流，了解孩子的需要，以调整自己的教育方式。

学生被体罚后，家长要保持和老师的联系与沟通。回到家后，家长要安抚孩子，让他明白：老师体罚你不是出于恶意的目的，老师希望你能够改掉错误，变得更好。只是体罚这个方式不是一个最佳的选择。以后出现同样的情况，要主动告诉爸爸妈妈，积极和老师沟通。总而言之，家长一定不能轻视体罚带来的后果，若家长完全站在孩子一边，只是怜惜孩子，孩子会觉得更加委屈，不利于孩子今后的成长。

因此，家长遇到老师体罚孩子的情况，一定要保持理智，先收集证据，向学校反映，要求老师、学校甚至教育部门给予合理交代。其次，要是老师体罚太过分，构成犯罪，家长应该报警，追究其刑事责任。

小贴士：

我们作为家长，也要注意家庭体罚的尺度，不能动不动就对孩子动手。我们必须要明白，无论是家长还是老师，都不应该体罚孩子，这对他们的身心会造成重大的伤害。摆事实、讲道理，谆谆教导、耳提面命，才是上上之策。

☆遭遇校园欺凌，孩子应该怎么办

校园是孩子成长的港湾，本该是一个纯洁美好的地方。然而，近几年来，校园欺凌事件频发，让大家对校园安全打了一个问号。提及花季少年，人们常常用纯真、真诚、淳朴等词语来形容，可是现在呢？一些中小学校出现了“小霸王”，只要是看不顺眼的同学，就会去欺负，直到对方服从自己。

那么，怎样才能让孩子们远离暴力？

要鼓励孩子们，若遇到校园欺凌，一定要及时告诉家长或者老师，不能一味地忍气吞声，纵容“小霸王”的恶行。

［案例］彤彤一向乖巧懂事，因为爸爸妈妈工作繁忙的缘故，就读于某寄宿学校。忽然有一天，彤彤给妈妈打电话，哭着让妈妈来接自己，说她不想上学了。后来才明白，四个同龄舍友经常合伙起来欺负彤彤——宿舍的卫生全让彤彤做，如果拒绝，这四个女孩就会骂她，甚至打她耳光。同学小艾（化名）把“四霸”中一个女孩的玩具弄脏了，这四个女孩也莫名其妙地把账算到彤彤身上，又动手打了她；课外活动的时候，“四霸”中的某女孩把零食弄丢了，又怪彤彤没有保管好。前几天，这四个人用剪刀剪坏了彤彤的枕头……

彤彤的爸爸将情况向学校反映了之后，学校把几个家长召来协商，但是家长们都很护短，一口咬定自己的孩子很听话，一定是被冤枉的。

彤彤的爸爸妈妈觉得很痛心，便安排女儿转学了。

很多家长觉得，孩子在学校被欺负，老师和学校要承担很大的责任。一是老师工作不到位；二是学校管理有缺陷。中小学时期是孩子性格塑造的关键时期，孩子长期在校，总是受到“小霸王”们的欺负，会让孩子产生很大的心理障碍。所以，家长们为孩子们挑选学校一定要慎重，打听清楚该校的校风校纪，不要人云亦云，只看到“完美的”广告。

教育心理学家分析，导致校园欺凌发生的原因主要有三方面：

1. 孩子的原因。

现在的孩子基本都是独生子女，从小就饱受溺爱。他们的心理成熟比较晚，自控能力差，虚荣心强，一定要做“强者”。

2. 家长的原因。

家庭教育对孩子的影响举足轻重，有的家长教育方式不合理，有的家长夫妻关系不好等，这些因素都会造成孩子的性格偏差。

3. 社会的原因。

现在的电视剧、电影、书籍、游戏充满了暴力，若没有给予正确的指引，孩子们会盲目地模仿，以为这样很酷。

家长和老师一定要重视校园欺凌效应，即被欺凌的孩子若产生不满的报复心理，他们给“小霸王”的打击也是无法预计的。校园欺凌事件对受欺负的孩子和欺负别人的“小霸王”的健康成长都不利。一方面，受欺负的孩子心理阴影重，不敢轻易相信别人，多猜疑，这对他的生活和学习都是一种困扰；另一方面，欺负别人的小霸王一旦养成迁怒别人的坏习惯，他的性格就会出现偏差，致使日后犯下大错。

在这样的环境下，万一孩子在校园遭到欺凌，作为家长首先要鼓励孩子勇敢地说出自己的遭遇，跟家长、跟老师说清楚事件的来龙去脉。

鼓励孩子要勇敢，不要害怕“恶势力”。同时，受欺凌事件之后，家长还可以这样教育孩子保护自己。

1. 鼓励交友，预防再受欺。

很多家长只重视孩子的学习成绩，认为与学习无关的活动都不必参加。其实，这是不对的。家长应该鼓励孩子广泛交友，一个朋友众多的孩子受欺负的几率是不是比孤立的孩子低很多？

2. 鼓励寻找好导师，消除心理阴影。

现在很多孩子有事情都不愿意和爸爸妈妈说，这时需要另外一个大人充当导师的角色。让孩子向导师倾诉，并得到处理问题的建设性意见，能够帮助他们消除心理阴影，度过这个特殊时期。

3. 教育孩子科学使用网络教育，给孩子支招。

网上有很多校园欺凌的案件和讨论，家长可以通过和孩子的讨论把握孩子的想法，并适时给予指导。

小贴士：

为避免孩子在校园遭受欺凌，每个家长都需要从孩子的生活习惯和思想教育抓起。尤其是现在网络、电视、电影等渠道所渗透出来的价值观，我们要懂得教会孩子取其精华去其糟粕，避免孩子过于崇拜个人英雄主义。

☆让孩子大胆告诉你：“我受欺负了”

孩子在学校受同学欺负的事件时有发生，小潮就是其中一个例子。

［案例］小梁丢失了100元，他认为是同桌小潮偷的。小梁把小潮带到男厕所，让小潮把钱还给自己。小潮觉得自己是被冤枉的，没有理会。

当天下午放学，小梁带着几个朋友把小潮给堵到了一个胡同里，把小潮狠狠地“教训”了一番。无奈之下，小潮只好改口说是自己偷了钱，并给了小梁200元。小梁和他的朋友这才满意地走了，并且警告小潮不准把这件事件告诉任何人。

小潮非常害怕，也就不敢告诉家长和老师，也没有及时去看医生。第二天，伤势过重的小潮猝死。

近几年来，“校园暴力”成了学校的热门话题。所谓“校园暴力”，是指发生在校园或校园附近的，同学或校外人士对学生的暴力或者心理伤害行为，一般发生于中小学。我国是九年义务教育，学生一般都在同一个环境受教育，所以有人会长期受到某些特定的人的欺负。因此，“校园暴力”的特征是重复发生，欺负一次就会有第二次。很多时候都是以多欺少，施暴者吃定受害者不敢声张，越来越过分。

得知孩子受到“校园暴力”，家长的错误反应主要有两个：第一，不管三七二十一，找到施害者教训一番，这样子容易使事情严重化。何况，还没有弄清楚事情的来龙去脉，不知道自家孩子是否也有错误之处。若自家孩子也犯了错，那样做就是纵容了孩子，甚至让孩子变得是非不分。另外，家长总是出面保护孩子，会使得孩子习惯躲在庇荫下，进而养成依赖性，缺乏自己解决问题的能力。

第二，孩子受欺负，家长认为自己孩子太懦弱，就在旁煽风点火，让孩子“以暴制暴”。若孩子照做，久而久之，又变成了另外一个“暴徒”。若孩子不敢照做，内心会变得更加自卑和压抑。

那么，家长应该怎么做呢?

（1）要弄清事情的来龙去脉，不可冲动行事。孩子告诉家长自己被欺负了，说明他信任你，希望你能够帮他解决问题。因此，家长应该问一下孩子为何被欺负，孩子是否也有不对的地方，然后针对性地采取措施。

（2）如果只是孩子间无恶意的打闹，那最好鼓励并指导孩子自己解决问题。

孩子被欺负，也是一个磨砺孩子的机会，可谓“吃一堑长一智”。在实际生活中，孩子们之间难免会磕磕碰碰，这倒有助于他们学习如何处理人际关系。这都是孩子成长的必经之路，家长无需大惊小怪。

（3）若孩子们的冲突不是普通的打打闹闹，而带有恶意的性质，家长应该教育孩子加强自我保护。

首先，明确让孩子向打人者表示抗议——动手是不对的，不可以打我。不反对有时候等于纵容。与此同时，鼓励孩子告知老师，让其独立解决问题。若孩子不愿意，家长与老师联系，甚至与打人者的家长联系，切忌兴师问罪，加大矛盾。若非对方蛮不讲理，记得引导孩子用理性、和平的手段来解决问题。

家长应该怎样教育孩子防范受欺负？

（1）引导孩子与他人建立良好的人际关系，正确处理人际矛盾；鼓励孩子多交朋友，朋友多了，“敌人”就少了。

（2）培养孩子的自信心，经常参加团体活动，克服胆怯、懦弱的性格缺陷。

（3）言传身教，通过情景模仿等游戏训练孩子的自卫能力，比如让孩子学习跆拳道等武术。目的不是让他欺负别人，而是自我保护。同时，在学习的过程中，还可以增强孩子的自信和自尊，无形中形成“威慑力”，别人也不敢随便欺负他。

（4）结伴而行，团体行动。参加活动的时候尽量相约行动，避免落单。一般而言，挑衅者一般不会选人多的地方或时间下手。

小贴士：

孩子都是家长眼中的心肝宝贝，总想捧在手心里护着，一旦听到孩子受到欺负，家长很容易冲动。在这个时候，家长一定要冷静地分析，冷静地处理，还得教育孩子如何修补人际关系，而不能一味地追究责任。

☆孩子和同学打架了，应该教育他什么

一般而言，孩子打架的原因往往很简单，就像下面的例子：

A：B先动手打我的！

B：是A先骂我的！

A：B先撞我的！

B：我又不是故意的！

一件小事搞得两个人动手，这是谁的责任呢？其实，小孩子心智还没成熟，在学校跟同学相处的过程中，发生一些小摩擦是在所难免的，作为家长一定要谨记，这是孩子成长的必经阶段，他们需要学会如何处理好周围的人际关系。

首先，家长要鼓励孩子坦诚自己的错误，和同学打了架，要实事求是地告诉老师。老师是公平的第三方，不会偏心任何一方，更不会袒护犯了错误的人。家长还要给孩子分析打架的不良后果，让孩子认识到打架是不对的事情。

其次，要从根源上解决问题，不能不了了之。家长要了解事情的起因经过，甚至向其他孩子打听到底是怎么回事，再给孩子出谋划策，正确处理人际关系矛盾。家长一定要拿捏好分寸，自己的孩子确实做错了，要严肃批评，引导孩子建立正确的是非观念。要是别人做错了，也要让孩子学会宽容，学会原谅别人。

最后，家长要做到“三不要”——不要横加干涉，不要妄下定论，不要擅作主张。

1. 孩子受了委屈，家长不要从此横加干涉他们的人际关系。

在学校，孩子与他人发生矛盾，却不敢告诉老师，放学了才跑回家和爸爸妈妈说。这时候，爸爸妈妈一定要冷处理，让孩子把事情表达清楚。不要一听孩子哭诉，就气不打一处来，立刻跑去为孩子“伸张正义”。有时候，让孩子直面挫折，迎接挑战，受点委屈是好事情。只要事情的发展控制在一个度内，何妨让孩子自己去解决？

在集体生活中，人多了免不了互相磕磕碰碰，产生一些小矛盾。只要正确、公正地去处理，孩子们是不怎么记仇的。如果家长见风就是雨，一见自己孩子受了委屈，就不让孩子与其他孩子交往，反而不利于孩子的健康成长。孩子始终要长大，进入复杂的社会后，他们有自己的义务和责任。若总是躲在家长的身后，逃避社会生活，岂能撑起自己的一片天？家长要相信孩子有能力处理他们之间的小矛盾，无须矫枉过正。

2. 孩子之间闹矛盾，家长不要妄下结论。

孩子之间打打闹闹，就如过家家一般。他们之间没有复杂的利益冲突或者深仇大恨，昨晚打架今天就可以和好如初，就连他们自己都说不清昨晚是为了什么闹不愉快。因此，家长尽量站在旁观者的角度，不要以大人的思维来推测孩子的行为，更不要妄下结论，肆意去指责或批评其他孩子，无意中把自家孩子推到被孤立的难堪局面。

3. 家长不要擅做主张，越位替孩子处理事情。

当孩子遇到人际矛盾，受了委屈的时候，家长不能教育自己的孩子“以牙还牙”或者亲自出马“伸张正义”，而是要教会孩子如何和朋友相处，如何维护一段友情。言传身教是一种行之有效的教育方式，因为孩子的模仿能力强，只有学会如何与他人相处，才能建立良好的社会人际关系，交到更多的朋友，从而壮大了自身的力量。

小贴士：

哑忍和以暴制暴都是不可取的，面对孩子之间的矛盾，家长首先要教会孩子理性地分析谁对谁错，不能一心护着自己的孩子，觉得对方动手了一定是对方错。其实，孩子的世界很简单，不能用成年人的观点来判断孩子们之间的矛盾。

☆让孩子在体育课中避免常见的身体伤害

为了满足孩子的体育活动需求，同时也为了降低学生在运动中的事故发生率，家长应该教育孩子如何进行合理的体育运动，并且让孩子了解常见的运动损伤及如何防治。运动损伤指在体育活动中发生的损伤，不同的运动导致发生不同的损伤。这和运动的环境、运动的技术要求、运动员的技术水平等有关系。

当出现那些常见的运动损伤类型时，应该如何帮助孩子处理呢？

1. 挫伤处理方法。

停止运动，马上冷敷；加压包扎伤口，把受伤的肢体尽量抬高，在伤口康复之前不要频繁触动它。

2. 擦伤处理方法。

用碘酒、酒精消毒伤口；小擦伤涂抹红汞；若伤口有泥土等杂质，一定要用生理盐水处理后再包扎。

3. 拉伤处理方法。

冷敷伤口；加压包扎后，把受伤的肢体尽量抬高，让肌肉得到充分的休息；待24小时后再进一步进行热敷、揉推等治疗。

4. 扭伤处理方法。

关节韧带扭伤，按照三步走——冷敷，加压包扎和尽量抬高受伤的肢体；24小时后再热敷、按摩；若韧带断裂，应送院就医。

5. 抽筋处理方法。

做好保暖措施；往抽筋的相反方向舒张肌肉，缓解疼痛；若疼得非常厉害，只能送医院进行麻醉。

我们要让孩子明白，千万不能忽视运动损伤带来的后果，严重的话，会导致运动员残废或者丧命。身体上的损害也会给心理造成巨大的压力，进而影响一个人正常的学习和生活。因此，预防运动损伤远远比治疗损伤重要。

预防运动损伤一定要注意以下几点：

1. 学习一定的运动损伤知识，认真进行运动的技术工作。

如果动作不标准，技术不过关，很容易造成运动损伤。

2. 做好运动的热身准备运动。

准备运动做到身体微微发热、出汗即可，不适宜太过激烈；等1～4分钟之后在开始进行正式运动。

3. 运动量要适度。

合理安排运动量，以免身体负担过重。

4. 保持良好的身心状态。

如果在睡眠不足、精神不佳的情况下运动，人的机能和反应能力会大打折扣，容易发生意外。如果运动的人心情不好，思绪分散，动作做得马马虎虎，很容易受伤。

5. 提高孩子自我保护和自我监督的意识。

不使用不符合标准的器械；在正规场地进行专业运动；运动时换上合适的服装（护膝等）。

家长一定要让孩子了解常见的运动损伤，提醒孩子做好运动前的热身，这有助于防范损伤，也有助于避免意外发生时的慌张。

小贴士：

体育运动过程中难免受伤，关键是我们得提升孩子的体魄，比如每天陪孩子晨起锻炼。要知道，在同样的条件下，体魄健壮的孩子运动性受伤的概率要低一些。当然，在锻炼孩子体魄的同时，我们要注意灌输安全意识和急救知识。

☆孩子擦伤、切伤、刺伤，该如何自救

［案例］小东是小学四年级的学生，在一次美术课上，由于使用铅笔刀不当把食指割伤了，但是没有流血，只是表皮破损了，小东以为没什么大不了，就没有放在心上。

可是，由于铅笔刀用久了，刀片有点生锈，而且有很多铅笔芯的细末在上面，致使小东的手指头感染了。小东以为自己能处理，

导致伤口感染严重。原本小小的刀伤由于小东处理不当而出现了发炎。爸爸妈妈只好带他去了医院。

其实，校园生活中，孩子很容易出现擦伤、切伤或者刺伤的情况，很多是皮外伤，但是如果孩子缺乏及时处理的知识，那么就可能会像小东那样导致伤口感染。因此，老师、家长要引导孩子们学会基本的割伤自救方法。

轻微割伤用医用消毒液消毒，再用无菌胶布包扎即可。若割伤比较严重，一定要压迫好伤口，送院就医。我们要学习三种医治方法——指压法、止血带法和杀菌纱布压迫法。

1．指压法。

被利器割伤，伤口出血，要用干净的水冲干净伤口，用纱布包扎，保护伤口；若伤口继续出血，可以加多一点纱布包扎，扎紧绷带。随后，把受伤的地方提高，让其高于心脏，快速止血。若还是血流不止，就赶紧拨打120求助。在救护车赶来之前，压住伤口接近心脏的血管，来减缓出血速度。按照出血部位，指压法主要有四个。

（1）手指出血——用手指压住被割伤手指的两侧。

（2）手、手肘出血——用力压住上臂内侧突起的肌肉。找准出血血管，才能有效止血。

（3）上臂、腋下出血——请旁人用拇指压住锁骨下凹处，往下和内的方向用力压。

（4）脚、胫部出血——伤员躺下，微微垫高脚。请旁人用两只拇指压住股沟、腰部、阴部间的位置（血管）。

2．止血带法。

用指压法，若松开手，还会继续出血。因此，尽量使用止血带止血——找准伤口血管，在其离心脏较近的一端用止血带绑住。然而，这个方法的负面作用是血液无法正常循环，过久会导致组织坏死，造成永久性损伤。一定要记住每20～40分钟就松开一下，保持一定的血液供应。

3．杀菌纱布压迫法。

用无菌纱布塞到伤口，只要纱布装填技术过关，止血快。一般由医生操作，假如紧急情况中没有杀菌后的纱布，可以临时用干净的布取代。

这些操作可能不是特别简单，但是原理我们必须跟孩子说清楚。比如指压法，我们要示范给孩子看，如何压住伤口，防止出血。比如止血带法，我们用真正的止血带示范给孩子看，杀菌纱布压迫法也是一样。到底如何进行及时包扎，如何对伤口进行消毒，这些我们要手把手地示范给孩子看，还可以让孩子给我们“止血”“包扎”试试，让孩子获得实际操作的经验。

小贴士：

要培养孩子处理外伤的自救能力，老师、家长还得注意要放开手，让孩子自己实习，哪怕刚开始的效果不完美，可是我们还是要鼓励他们自己的伤自己治。

☆孩子运动中暑，千万别着慌

人体长时间暴露在高温下，体温调节功能会变得紊乱。人的正常体温是37摄氏度左右，这时候产热和散热达到一种平衡。要是环境温度过高，体内的热不能及时散出体外，大量的热会积蓄在身体内，导致中暑。

按照病情的程度，中暑分为先兆中暑、轻度中暑、重度中暑、中暑衰竭、中暑痉挛和日射病。

［案例］张连是个初中生，平时寄宿在学校里。他非常喜欢打篮球，一有时间就跑到篮球场上去。即便是炎热夏天的中午，他也这么做。汗水不断从他身上落下来。

这天中午，他又跑到球场去了。太阳那么大，他却一点儿不在乎。他决心要赢得这场球赛。比赛非常激烈，他很累了。他这几天中午，从来没有休息过，一直在为这场比赛做准备。他开始觉得这场比赛好长，似乎打了好几个钟头。他想停下来休息一会儿，喝一口水，却不想示弱，不想自己的疲惫显现出来。

他坚持着，坚持着，终于倒下了。

中暑是一件很难受的事情。中暑以后应该怎么办呢？我们需要掌握中暑的防范及急救措施。首先要对不同的中暑症状有个初步的了解，并作出适当的救护。

1．先兆中暑。

症状为头晕、眼花、耳鸣、恶心、胸闷、心悸、无力、口渴、大汗、注意力不集中、四肢发麻，体温超过37．5摄氏度。

2．轻度中暑。

症状增加了面色潮红或苍白、恶心、呕吐、气短、大汗、皮肤热或湿冷、脉搏细弱、心率增快、血压下降等情况，体温高于38摄氏度。

3．重度中暑。

症状增加了昏厥、昏迷、痉挛或高热等情况。体温高于40摄氏度。

4．中暑衰竭。

体内已经没有很多的积热。症状为面色苍白、皮肤湿冷、脉搏细弱、呼吸浅而快、晕厥、昏迷、血压下降等。

5. 中暑痉挛。

与高温无关，是因为剧烈运动后没有及时补充盐水所致。体温正常，会有抽筋现象。

6. 日射病。

阳光直射头部，脑袋温度迅速升高。症状为剧烈头痛、头晕、恶心、呕吐、耳鸣、眼花、烦躁不安、神志障碍。严重的人会陷入昏迷状态。

老师、家长一定要让孩子学会基本的中暑急救常识，以备不时之需。

1. 尽快离开高温环境，转移到阴凉通风的地方。

平躺后，抬高头部，松开颈部几颗衣扣。

2. 补充能量。

喝一点含有盐分的饮料、茶水、绿豆汤等，以降低体温，补充血容量。

3. 人工散热。

用扇子扇风或吹电风扇，切记不能直接对着风口吹，以免感冒。

4. 冰敷。

在头部、腋下、腹股沟等位置置放冰块或者冰袋，或者用冷水或30%浓度的酒精擦拭患者全身。

小贴士：

中暑的表征和热感冒有点像。如果孩子在高温酷热的情况下出现头晕、冒汗等状似感冒的现象，家长不要一味给孩子食用感冒药，最好尽快带孩子到医院进行检查，弄清楚孩子到底是感冒还是中暑。两者之间的治疗是有很大区别的，千万别主观臆断，而应请求医生的指导。

☆教会孩子如何在踩踏事故中保护自己

［案例］放学的铃声刚一敲响，许多同学立即把书塞进了书包，风一样跑出了教室。同学们都簇拥着下楼，一点空隙都没有。张北对此早已习惯，也毫不犹豫地挤入人潮。才下了一层楼，前面就有同学摔倒了。后面的同学不明所以，还一个劲儿地往前挤，张北一个不稳，摔倒在地上。后面紧挨着的同学也因为惯性趴在了他身上。刚开始的时候，张北还喊了几声，而后他连话都说不出来了，甚至呼吸都变得艰难！幸亏老师及时赶来，疏散了人流，这才将张北等人解救出来。经过医生的检查，张北全身有多处青紫淤血。

近年来，发生在校园里的踩踏事件逐渐增多。在密集的人流中，人们看不到前面发生了什么，只一味地向前推挤，若前面有一人站立不稳倒在地上，后面的人便会因为惯性跌在他身上。

在人潮涌动的地方，一旦出现引人注意的事件，一些人就蜂拥而至，踩踏便极易形成。在空间较为密闭，人流较多的地方，出现踩踏的后果是不可计量的。因此，家长必须要让孩子掌握一定的自救知识，在突发的踩踏事件中最大限度地保护自己。

（1）要让孩子明白，如果正处闹市，看见迎面走来一群激动的人，应立即闪避。

要注意保持镇定，不要呼喊奔逃。若时间不允许，则应立即寻找最近的某个安全的角落避开人流。

（2）如果不小心被人流包围，家长要教育孩子两点：一要站稳，若在拥挤的人流中站立不稳，可就近抓住某个固定物，如栏杆；当人潮过去后，再择路离开。二要避开玻璃门窗，若不小心被人挤到玻璃门窗前，很可能会成为被踩踏的对象。

（3）如果被人潮包围着往前走，可用右手握紧左手的腕部，双臂与胸齐平，最大限度地分开双臂，身体前倾，给自己“创造”一些空隙，以免因挤压造成窒息。

如果必要，可弯曲双腿，将双脚提起，利用拥挤的人潮带动自己前进，避免脚部受伤。一旦人潮散开，双脚应马上着地。

尤其要告诉孩子的是，万一被人推挤而重心不稳倒地，要尽可能移动到最近的墙壁旁，朝着墙壁，最大限度地将身体蜷缩起来，双手在颈后交握，虽然腿、背和手易被人群挤伤，但却能消除生命危险。

小贴士：

现在的孩子有更多机会观看演唱会、运动会，而在这些人多热闹的场所，踩踏事件是比较容易发生的。作为家长，要提前给孩子做好安全教育工作，必要时可以和孩子做实地演习。

☆让孩子相信身体的感觉，拒绝恶意接触

这个社会往往比我们想的要复杂，孩子在踏入社会前应该走的第一步，就是学会如何平安地长大。家长应该让自己的女儿知道，身体是宝贵的，当别人想摸自己的时候，应该学会拒绝与逃开。亲昵孩子的人不一定就是表示对孩子的喜爱。当然，对于男孩子家长也不能掉以轻心，保护男孩子的身体对于家长们来说一样重要。

许多家长都因为不知道怎样教自己女儿保护身体不受侵犯而感到苦恼。身边的长辈亲朋都觉得这是一个不太好说的问题，只能等孩子长大以后自己慢慢明白。但是现实让家长不能等待，媒体披露了越来越多的孩子遭受性侵伤害的事件。其实对于这样的事情，家长也不必苦恼，可以用一个小故事来教给孩子，让孩子懂得怎样保护自己。

［案例］有一只叫做凯特的小猫长得漂亮又可爱，周围的人都很喜欢她。一次爸爸妈妈都出门了，凯特自己呆在家里。这时候她听见有人敲门，打开门一看，原来是自己的邻居狐狸叔叔。凯特就让狐狸叔叔进门了。狐狸看到好像家里没有别人了，就问凯特："爸爸妈妈在家吗？"凯特告诉狐狸他们都出门了。

狐狸听凯特说完，笑着眼睛都眯了起来，跟凯特说："乖孩子，叔叔教你玩一个新游戏好不好？别的孩子都会呢，叔叔跟你玩好吗？"凯特听了很高兴，立刻就答应了。狐狸狡猾地对凯特说，他们玩的是在身上摸鱼的游戏，不能穿衣服，他要帮凯特把衣服脱了。这时候凯特想起了妈妈对自己说过的话，穿着背心还有短裤的地方是不能让别人看的，更不能让别人摸，不然坏人就会伤害自己。

凯特想，是不是狐狸叔叔想对自己做什么坏事呢？这时候，屋外面有一个苹果从树上掉了下来，听起来就好像是有人在关车门。凯特赶紧说："一定是我家的车！我爸爸妈妈回来了。"狐狸听了以后，慌张地走了。凯特等他出门，立刻就把门锁上了。

不久之后，爸爸妈妈回家了，凯特就把上午他遇见狐狸的事情都告诉了妈妈，爸爸妈妈报警让警察抓走了狐狸。妈妈再一次告诉凯特，一定不要让别人看到自己穿背心短裤的地方，更不能让别人摸自己。

爸爸妈妈应该让孩子知道，孩子们不能让别人摸自己穿内裤的地方，女孩子还要注意不能让人摸穿背心的地方。只有妈妈可以，别人要是想摸就要喊妈妈或者喊老师过来。孩子应当知道自己的身体是不能被别人触摸的。要是有人想摸，就应该勇敢地拒绝他们，大声地说“不”。让孩子记住几个紧急求助电话，比如，110、爸爸妈妈的电话等，当然也要记住自己的家庭住址，当遇到坏人的时候，方便自救或者向人求助。

［案例］一位姓徐的妈妈在跟孩子讲完一些要保护自己的小故事之后，就要跟孩子玩这个游戏。开始她们闭着眼，装作要抚摸对方。在妈妈的提前安排下，小朋友跟妈妈笑着说：“你先把眼睛闭上，我们要开始做游戏了。”妈妈听话地闭上了眼睛。孩子就把自己的小手放在妈妈的脖子上，一点点滑下来。当她的手伸向胸口的时候，妈妈立刻把自己的胳膊抬起来，“啪”的一声把孩子的胳膊打到一边。这真的把孩子吓坏了。妈妈愤怒地大声喊道：“不许你摸我！”孩子吓得脸都白了，之后反应过来，连忙说：“我知道了，知道了，现在轮到我了。”

孩子坐在妈妈的腿上，妈妈用语言哄骗他：“小朋友你好可爱呀，我们接着玩好不好？”妈妈用自己的手摸了摸孩子的小脸，孩子不仅没反抗，看起来好像还挺享受的。之后妈妈摸了摸孩子的后背，孩子还是没反应，一脸的隐忍笑意，好像还很期待。妈妈的手突然转了方向，向着孩子的裤子那里划去。孩子立刻用两只小手捂住自己的肚子，说道：“不行，不许你摸我！”孩子全身都在不停地扭着，还用胳膊扒开妈妈的手。

徐妈妈对孩子能够大声喊出来并且用行动保护自己的行为进行了表扬，但是她也告诉自己的孩子，应该再完善一些，比如她刚才就没有“跑开”。一些安全的接触孩子可以接受，但是遇见自己不喜欢的接触，孩子完全是有权利拒绝的，就算对方是一个很熟的人也不能做这些行为。

父母需要对孩子反复强调，不可以被人随便触摸、拥抱，还要在鼓励中多让孩子练习怎样表达自己的拒绝态度，对于自己感到不满意不舒服的行为要勇敢地反抗。家长要告诉孩子，不要怕别人的威胁，即使是别人让自己保守什么秘密，也要看是什么样的，不能因为答应别人或者是受到威胁，就不告诉家长发生了什么事。

小贴士：

为了保障孩子的健康成长，作为家长，我们需要灌输给孩子“拒绝”的意识，当别人莫名其妙地提出要抱抱孩子的时候，我们要让孩子明白，他有权利说“不”（say no）。

☆适当地跟孩子谈谈“性”，杜绝孩子对“性”的好奇心

调查表明，大概有80%到90%的孩童性侵案中，作案人不是那些受害孩童没见过的陌生人，而是他们身边熟悉、信任的人，比如孩子的亲人、老师、邻居，还有爸爸妈妈的朋友等。所以爸爸妈妈应该让孩子了解一件事，就是不仅不要跟陌生人单独在一起，也不能跟不是十分亲近的熟人在一起。告诉孩子，最好不要自己在一个没有人的地方待太久，另外还应该学会分辨什么样的行为是别人不应该对自己做的。

对于孩子而言，被别人伤害的很大一个原因就是自己不了解关于性方面的知识。所以，爸爸妈妈应该及早为孩子普及一下这方面的知识。

第一点，应该引导孩子慢慢学会认识自己的身体。明白哪个部位叫什么，知道什么地方是很重要的隐私部位，是不能给别人看或者是被人摸的。

父母要告诉孩子，如果不喜欢别人摸自己，就勇敢地拒绝并且走开就好了，不会有人说这样不礼貌的。

身为孩子的父母，让他们明白不能随便摸别人的隐私部位也是很重要的。孩子做这些的原因通常是自己感到很好奇，但是这种好奇心应当被杜绝。家长们一定不要顾及自己的传统观念，需要早早教育孩子关于“性”的问题。

“性”很大程度上是跟隐私联系在一起的，所以家长应该让孩子知道，这种话题可以跟爸爸妈妈说，但是不要跟其他的人谈论，更不能在一个公共场合里说与此有关的事情。像对自己的小伙伴说“我知道你有生殖器”这样的话，是绝对不可以的。不过即使是这样，在某些时候孩子也会让我们感觉尴尬，此时不要呵斥孩子，要让他知道父母是跟他在同一战线的。

［案例］王太太在儿子7岁的时候买了一本性教育的图书。这本外国翻译的书可以说是非常翔实地介绍了两性知识，还带有丰富的插图，甚至是性交方面也有涉及。王太太明确告诉了孩子，不要跟别的小朋友说这件事，但还是没有避免发生尴尬。

原来，有一天孩子在学校里跟同学们讨论孩子是怎么生出来的，他告诉大家“是因为男女性交，导致精卵结合生出来的”。后来班主任找到了王太太，不过还好，老师接受了王太太的建议，没有当众批评王太太的儿子。

等到孩子放学回家，王太太就跟儿子说：“你是不是今天跟同学们说起来生孩子的事了？”孩子告诉妈妈，他们几个同学在讨论孩子是怎么生出来的。有的孩子说是因为接吻，还有的说是因为握手，所以精子传到肚子里就怀孕了。自己知道以后，就告诉了其中一个同学，说他们都说错了，是因为性交才会怀孕的。儿子已经告诉那个同学不要对别人说，不过他还是忍不住说了，最后还让老师知道了。

王太太教育儿子说："你很不错，因为你知道别的孩子不知道的答案！但是妈妈要告诉你，如果你觉得这件事情是秘密，那就只能是你自己知道。要是你告诉了别人，哪怕是一个人呢，这就不会是秘密了。别人是没有义务帮你保守秘密的。你看，今天你的同学就没保守住这个秘密，不是吗？"

孩子们不清楚他们应该在什么场景下说什么样的话，这是正常的，父母不要因此责怪他们。孩子在成长路上难免会有错，这正是一次帮助他们长大的机会。

孩子们总是充满好奇心，有时候会问爸爸妈妈一些人小鬼大的话，比如"妈妈，我是怎么来的？"。"爸爸，为什么我是男孩，不是女孩？"之类的话，面对这样的问题，家长一定要正视，切忌模棱两可，说不知道，或者说孩子跟孙悟空一样是从石头里蹦出来的。

总之，我们必须要明白，孩子的好奇心是无止境的，一旦问题得不到解决，他们会想着用自己的方式去摸索。因此，对于孩子的性教育，家长们一定要越过心理这道坎儿。

小贴士：

生殖器官是人类能够得以繁衍生息至今的重要器官，是神圣的，所有的生命都来源于此。这就是教科书上对于生殖器官的科学解释。只有让孩子明白，生殖器官是创造出自己的源头，他们才能够正面地、单纯地了解“性”。

☆教会孩子如何保护隐私部位

“身体是属于我们自己的”，对于成年人来讲，这是常识，但是对于小朋友而言，他们很可能不懂，不懂得自己的身体有隐私，不懂得自己的身体需要保护。

其实，懂得保护自己的身体是非常重要的，作为爸爸妈妈，我们要教育自己的小朋友，如何保护自己的人身安全，如何保护自己的身体，这是一切孩子自我保护本能的根本。

下面，先给大家讲一个真实案例。

[案例] 2012年1月，陈女士将年仅5岁的宝贝女儿玉玉送到一家民营幼儿园，交付了将近七千块一年的费用。因为陈女士和先生觉得孩子必须要学会独立，所以选择了全托，一周才接玉玉回家一次。

入园刚刚3个月，陈女士在一个周末给玉玉洗澡时，发现女儿的阴部红肿，阴道口明显变大，而且一洗澡，玉玉就喊屁股痛。

陈女士和先生感觉发生了不好的事情，一宿难眠，辗转反侧，第二天一大早就带玉玉到医院检查，发现玉玉被人性侵了。陈女士和先生几乎晕眩过去。在医生的建议下，陈女士和先生答应让玉玉做详细的医学鉴定。发现玉玉是遭受猥亵，虽然处女膜没有破损，但是外阴和屁股眼都遭受不同程度的猥亵，导致发炎和红肿。

爸爸妈妈带着玉玉到幼儿园讨公道，由于玉玉一直都没有跟老师们说自己屁股不舒服，所以老师们也是这会儿才知道是什么事。就在爸爸妈妈非常气愤、非常伤心的情况下，玉玉的班主任蹲下去关心玉玉，问玉玉到底是什么人总是黏着玉玉不放。玉玉转转眼珠，指指门口处，说是门卫处的爷爷。老师让玉玉带他们去找那位爷爷，可是陈女士觉得不希望女儿再面对这种“坏人”，紧紧将女儿抱在怀中。

几经周折，在老师们的劝说下，陈女士才松开了紧抱女儿的手，玉玉勇敢地带着爸妈、老师和警察叔叔，到了学校后面的宿舍指认出那个经常黏着自己不放，总要亲亲自己的“爷爷”，原来是一个年近六十的老保安。

最后，这位老保安得到了应得的法律惩罚。可是玉玉心灵上的伤痕却抹不掉了。

这是一件令人痛心的案例。如果爸爸妈妈和老师加强对孩子的思想教育，告诉孩子，不能随便让人亲亲，不能随便给人抱抱；要是遇到总是粘着自己不放、总要亲亲抱抱的人，要及时告诉老师，告诉家长，这样的事情或许能够避免。

我们需要考虑这样一件事：为什么孩子遭受猥亵而不知道“举报”？其实这是我们的性教育出了问题。如果孩子被老师打屁股了，他会嚷嚷着告诉爸妈，老师今天打我屁股了，同学今天捏我脸蛋了。但是面对猥亵，孩子却没有控诉，那是因为他们不知道隐私部位的重要性。孩子被坏人接触了隐私部位，而身体没有出现疼痛的话，他们根本就不懂得控诉。因此，我们在孩子稍微懂事的时候，就要告诉孩子，敏感的隐私部位到底是什么，应该如何保护，不能随便给别人看，更加不能给别人接触。一旦遇到想要接触自己隐私部位的人，要大声说“不”，并且尽快告诉爸爸妈妈或者老师。

对于孩子的性教育，可以尝试以下几种方法：

1. 用画画的方式，让孩子认识自己身体的隐私部位。

爸爸妈妈可以和孩子一同画画，在画纸上画出男孩和女孩，用红色的笔圈出各自的隐私部位，告诉孩子这些地方是不可以让人接触的；同时，也要告诉孩子异性的隐私部位，告诉孩子不能接触异性同学的这些敏感位置，帮助孩子树立起敏感部位的隐私观念。

2. 告诉孩子不能暴露身体，要尊重身体隐私。

在性蕾期，很多孩子都会因为对性器官的好奇，引发出不合适的行为。对此，爸妈要明白，孩子这么做不是故意的，他们只是希望明白为什么自己的身体和别人的身体有所不同，尤其是男孩女孩之间。因此在三四岁的时候，很多孩子还会掀起衣服，互相做比较。其实他们只是好奇而已。因此，家长对于孩子之间这些触摸身体的不当行为及举动，要制止，并耐心地解释，“有礼貌的孩子，不可以随便把裙子掀起来，也不可以随便摸别人的身体”。家长要让孩子明白，尊重自己的身体隐私，也尊重别人的身体隐私。

3. 适当地给孩子一些“命令般的权力”。

告诉孩子，对于自己身体的敏感位置，“如果你不想，没有人能碰你的隐私位置”“想碰你敏感位置的人不是好人”。告诉孩子，他们有权利保护自己的身体，哪怕是再熟悉的人，都不应该随便接触他们的敏感位置。一旦遇到了这样的“坏人”，要及时告诉家长和老师。

爸爸妈妈永远是爱孩子的，但是总不能如影随形地陪伴着孩子。那些成长路上的障碍，我们要教会孩子自己去正确对待，我们要为孩子设好路标和指示牌，告诉孩子如何保护自己；如何踏过路上的障碍！

小贴士：

很多家长可能会认为，跟孩子过早地谈及性是一件尴尬的事情。如果家长既想让孩子更好地了解自己的身体，又规避关于性教育的尴尬，可以充分利用童言童语，例如“Kiss病”、不许让陌生人亲亲等，告诉孩子面对他人有意的身体接触要主动抵御。

☆明确告诉孩子哪些部位属于隐私

［案例］小东今年上小学五年级，是个活泼可爱的男孩子。一天放学后，妈妈还没来接他，小东便和几个小伙伴在操场上玩。一位老师走过来跟他们一起说话，玩耍。其中一个小伙伴小汪，说特别想上洗手间，可是老师却跟小汪说，直接在草地边上解决就可以了。小汪还小，见操场也没什么人，便走到草丛边上，准备撒尿。可是更奇怪的是，老师跟过去，说是看看小汪发育是否健康。

小东觉得特别奇怪，便走到小汪身边说：“你妈妈来了，赶紧到校门口吧。”

随后，小东和小汪走开了，小东跟小汪说：“小汪啊，你不知道我们撒尿尿的部位是不可以给别人看，更加不可以给别人碰的吗？”小汪不服气地说：“对方是老师耶，而且我是男孩子，怕什么啊？”

其实，很多孩子都会像小汪那样，信任身边熟悉的人。当然那个老师也不一定心存恶意，但是这是一个意识问题。作为成年人，我们当然都知道哪些部位属于敏感部位，不能轻易给别人碰触，也绝对不可以碰触别人的。但是，孩子和我们不同，他们对于自身隐私以及敏感部位的保护意识不强，这需要我们家长从小教育。

家长一定要从小告诉孩子，哪些部位是“不能碰”的。

专家指出，儿童性猥亵或者性侵犯案件中，大多数儿童受害者对于性知识，尤其是对于自身隐私部位的认识不高，才让不法分子有机可乘。有的孩子甚至在被侵犯之后，还不知道原来对方这样做是不对的。

为此，专家建议，大概在孩子上幼儿园时期，就是三四岁左右，父母就可以明确地跟孩子说明一些关于性方面的知识，告诉孩子哪些地方不能让人碰。

首先，父母要教育孩子认识自己的身体，知道不同的器官和部位叫什么名字。对于年纪稍长的孩子，我们可以用器官名字来代替，比如告诉女孩，我们的胸部、下体、大腿内侧等部位是绝对不可以让人碰的，不管是同学、老师还是亲朋好友，哪怕是爸爸妈妈，也要有所忌讳。当孩子还小的时候，妈妈可以帮孩子洗澡，但是过程中要告诉孩子，下体、胸部、大腿内侧等敏感部位要由孩子自己来冲洗，这是妈妈以身作则的表现。

对于男孩也是一样，男孩有时候可以光着上身，但是下体也是绝对不能让人碰的，这一点爸爸妈妈也要说清楚，要理清孩子的观念：不是只有女孩才有可能受到侵犯，男孩子其实也是一样的。

而对于年轻稍微小一点的孩子，比如幼儿园的小孩，我们家长可以透过画图的方式告诉孩子，小胸脯不能让人碰，撒尿的地方不能让人碰，等等。

还有的家长有非常巧妙的方法，比如在孩子游泳的时候，向孩子发问：“宝贝儿，你知道为什么女孩子要穿泳衣，男孩子要穿泳裤吗？那是因为，泳衣和裤子遮蔽的地方，我们不能让别人看，也不能让别人碰，宝宝要记住喔！”这样的做法看似很简单，但是却让孩子很清晰地为自己的身体划上一个保护区域，这是非常有效的。

此外，在孩子还小的时候，遇到亲朋好友，大家都会忍不住亲吻孩子，或者抱着孩子，疼惜地抚摸，这是长辈们的爱抚。但是作为家长，要给孩子打好底线，告诉孩子关于“亲昵程度”等问题。

举回洗澡的例子，让孩子自己洗澡，可以培养孩子的独立性，还可以培养孩子对于隐私的保护。比如，女孩子到了三岁，可以不让爸爸帮忙洗澡，隐私部位则连妈妈都不要碰，由孩子自己冲洗。家长要充分尊重孩子的隐私，当孩子（尤其是女孩子）独立睡一个房间，爸爸妈妈要敲了门才可以进房间。

亲朋好友的话，我们可以教育孩子，长辈们亲亲小脸蛋那是疼你，摸摸额头和手脚那是爱惜，可是亲朋好友们不能轻易亲孩子的小嘴巴，不能摸孩子的小胸脯。而且，无论是爸爸妈妈还是长辈、老师、同学，都不能碰触孩子的下体。

小贴士：

对于生殖器官及相关性征的介绍，或者也会让不少家长难以启齿，为此我们可以采取适当的代名词，比如，小孩子小便我们经常会用到“嘘嘘”，大便我们会用“粑粑”，同样的道理，对于生殖器官的介绍，我们也可以根据情况运用饱含童趣的代名词。

☆如何教育孩子不受别人侵犯

在轰动全国的海南校长性侵女生事件发生之后，受害女生的家长表示，自己女儿太小了，从来没有跟自己说过发生了这样的事情。其实，孩子出现守口如瓶这种反应是不足为怪的。对于家长而言，自己首先应该有警惕心和防范心。在中国社会的传统观念支配下，大家并不能自然地探讨关于“性”的话题，家长们也觉得不好说出口，影响着父母对孩子在这方面的态度。不过在国外这是件很简单的事，父母只要让孩子知道，自己穿内衣的地方都是自己的隐私部位，只要有人想要侵犯这些地方，就是在侵犯自己的权利，应该制止并把事情告诉自己的监护人。

让孩子知道，自己身上有属于自己的独特领域，这里除了自己同意的人谁都不能去触摸。即使对方是力量更强悍的大人或者是大孩子，当自己觉得危险的时候，也要学会拒绝他们，勇敢地大声说“不”！

在一些孩子心中，拒绝别人是一件很艰难的事情，好像这会让自己感到羞愧。但是我们知道，很多性侵是由孩子熟悉的人做的，对一个平时对自己很好的大人表示拒绝大概会让孩子更加的不好意思吧！而且作案的大人还会在做坏事之后吓唬孩子，说一些不让他们告诉自己的监护人，否则就会打他或者是不给他糖之类的话。对此，大家应该加倍注重对孩子自我保护意识的培养。

父母平时可以给孩子们讲一些社会新闻，让自己的孩子知道，这个社会还是有危险的，有的人会因为各种原因想要侵害孩子。可以引导孩子，问问他：如果坏人把你抓走了那你要怎么做呢？孩子可以在自己的思考中找到答案，爸爸妈妈也要告诉他们正确的做法是什么：如果被抓住了，自己一定要先乖乖的，别吵烦了坏人，让自己受到伤害。然后多观察，包括坏人长什么样子、大约多大、穿什么衣服、车牌号多少，还要记住自己都走的什么路，哪里比较容易找。要是坏人对自己提要求，尽量不要拒绝他，以免他伤害自己。当遇见警察或者是有机会了，一定要快点逃走或者是大声呼救。就算是没找到逃走的机会也不要着急，耐心等待，爸爸妈妈一定会来救自己的。如果能够有机会打电话的话，一定要报警或者是通知自己的父母。总之，要学会机警地对待坏人。

当然，爸爸妈妈也要让孩子知道这些基本的求救常识，比如知道看车牌、打电话要加上区号等等。不过孩子们因为性格、年龄的不同，有时候爸爸妈妈给孩子讲解的时候，如果方法不对，孩子很可能会被吓到的，这就得不偿失了。

爸爸妈妈不仅要让自己的宝宝明白，拒绝别人的侵犯是一件勇敢的事情，也要让孩子平时多加警惕，不要自己单独跟别人在人不多见的地方久待，要是自己察觉到不对，一定尽快离开，去人多安全的地方。如果可以的话，孩子们应该学一些搏击手法，不仅能让孩子锻炼身体，还能增强孩子的自信，让他们在遇见坏人坏事的时候敢于去拒绝，去对坏人进行反抗。

小贴士：

家长要树立自己在孩子心目中的权威，让自己有保护孩子的形象，成为孩子背靠的大树。家长平时要懂得关心孩子的身心健康。不要以为孩子只是在生活中需要父母的物质照顾，其实父母对孩子的心灵关注更加重要，这会让孩子在有所遭遇时首先想到爸爸妈妈。

☆告诉孩子必要的时候，要大声呼叫求救

近年，不时出现一些老师借助工作之便对孩子进行侵犯的事件，家长们都感到心惊胆战，不知道什么时候孩子的身边就会出现难以预料的危险。很多案件都表明，孩子们受到的侵犯往往来自于身边那些熟悉的人。他们平时表现得温柔无害，像是那些经常买东西给孩子的长辈、经常关心孩子的温柔老师……这些侵犯孩子的人，先已得到了孩子家长的信任。

对于父母来说，要让孩子保护自己，就要让孩子们知道自己身边隐藏着的危险，并且学会知道怎么去应对这些危险，知道怎么去求助别人。让孩子知道，有些隐私的地方是不能轻易地露出来的，只有像爸爸妈妈这样看护孩子的人在帮他们换尿布或者是帮他们洗澡的时候，才可以帮他们清洁这些私密的地方。还有医生在体检的时候可以检查这些地方。孩子们在感觉到不舒服的时候，要大声地拒绝，并且寻找机会跑开并且求救。

父母应该帮助孩子，让他们明白自己有权利对陌生人的要求进行拒绝甚至是反抗，这可以让孩子能够在遇到危险的第一时间进行求救。家长平时应该尽量不要对孩子有太多的限制，对他们提出的一些幼稚的问题要耐心解答，不要表现出不在意甚至是嘲笑，不然孩子就会被打击到，以后沉浸在负面影响中，就不会再主动问家长什么问题了，更不会主动把自己的遭遇告诉家长和老师。所以家长要在生活中对孩子勇敢拒绝并求救的行为进行鼓励。

孩子的身体还是太过于柔弱，家长不必让孩子去学习怎么依靠自己的力量将坏人打跑，否则，不但不会让孩子免于侵害，反而可能给孩子带来更大的灾难。但是，孩子能做很多其他的事情以吸引周围人的注意。比如呼喊“救命！”或者是利用身边的物体掩护自己，让坏人不能轻易得手，然后大声地求救。这种行为能够使得周围的人产生警惕之心，进而孩子可以得到救援的机会。

孩子在两岁到六岁的时候，正处在一种刚刚认识生命的懵懂时期。这时候世界在他们的心中是模糊的，他们依靠着潜在的本能进行着生命意识的发展。这时候爸爸妈妈应该抓住机会，了解孩子内心认识世界的需要，通过关于生命成长的教育帮助孩子觉醒。只有在成长中得到正确的教育，孩子才能够渐渐学会辨识危险，保护自己。

我们所处的社会是复杂而多彩的，有着美好的事情，也有着潜在的危险与不安定的因素。如果孩子们遇见坏人，就应该在第一时间内呼喊，让坏人自己觉得害怕，孩子就能趁机跑开，找大人求救了。

家长应该在孩子出现以下状态的时候多关怀自己的孩子，因为这可能代表着孩子们遇到了一些“坏事”。家长应该跟自己的孩子多进行一些交流，以便帮助自己的孩子。

1．孩子突然出现一些有性特征的行为。

越小的孩子出现这些行为，就越有可能表示他们遭受到了性侵犯。这些行为包括孩子突然喜欢触摸自己或者别的孩子，甚至是成年人，也有的表现为希望父母来触摸自己。对此，父母应高度关注。

2．孩子突然表现出自己的恐惧。

这种表现可以包含突然对身边的某个人感到抵触害怕，或者是开始拒绝参加自己曾经喜欢的定期活动。如果父母可以及时觉察到这些现象，就会让孩子避免进一步的侵害。

3．注意孩子们身上可能因为被侵犯而发生的生理变化。

像是不能解释的伤口，生殖器附近的疼痛与伤口，出现尿频或者排尿困难的问题。出现这些体征之后，爸爸妈妈就应该加大对孩子的关注，带孩子看医生并引导孩子说出真相。

小贴士：

家长一定要注意留心孩子的情绪，一旦发现孩子情绪不对劲，要及时进行开导。如果孩子是被欺负了，受委屈了，甚至受侵犯了，我们就要引导孩子道出实情，不要一个人憋着。平时我们要对孩子反复申说，遇到危险，必要时就大声呼救。

第三章 户外"危险"时时有，教会孩子自救自护法

☆告诉孩子，风沙入眼不能揉搓

［案例］妍妍和玲玲手拉着手一道走着。忽然，一阵风吹来，妍妍被风沙迷了眼睛。她感觉到又痒又疼。

玲玲赶忙说："没事，你揉揉，一会儿就没事了。"

妍妍听了玲玲的话，揉了揉眼睛。过后虽然还有一点疼，但妍妍也没怎么把这件事放在心上。她想，或许明天就好了。谁知晚自习的时候，妍妍感觉不对劲了，眼睛的疼痛不但没有减轻，还有更加严重的趋势。她赶紧让玲玲跟老师说。老师知道后，立刻带着妍妍去了医院，放心不下的玲玲也一起到了医院。

医生诊断后说："沙子入眼怎么能用手揉呢？你这一揉，把眼结膜都划伤了，幸亏你来得早，不然还不知道要发生什么事呢！"而后，医生帮助妍妍清理了眼睛里的沙子，又给她开了一瓶消炎的眼药水。

玲玲感觉非常歉疚。

妍妍的教训给我们敲响了警钟。古诗有云：大风起兮云飞扬。而如

今却是“大风起兮尘飞扬”。眼睛是人类心灵的窗户，是人类身体最脆弱的部位之一，要慎重保护。细小的微尘进入眼睛，最先影响的是保证人类视力的眼角膜。风沙中有许多微尘和小颗粒，极容易对眼角膜造成损伤。一些人在风沙迷眼之后，总是认为揉眼睛能够使异物“消失”，其实，这种观念是错误的。

但是这种做法在孩子当中却很普及，他们不知道风沙入眼时如何做才是正确的。所以说，当风沙入眼时，家长要及早教会孩子科学处理的方法，避免孩子因为处理不当或者不及时而造成对眼睛的伤害。

当风沙入眼，不能用手指不断按压揉搓眼皮。沙子在眼中来回摩擦，不仅会损伤眼球，更会加重对眼角膜的伤害。流泪、疼痛还算是轻的，若不注意，还有患上角膜炎的可能性。而且，风沙天气空气质量差，外出的人们手上都沾染了大量的病菌。若用脏手反复揉搓眼睛，很可能使手上的病菌进入眼内，进而诱发眼部炎症，如结膜炎。还有，这种盲目的揉搓，只会加深眼睛的痛感，根本不可能使沙子自动排出。

我们要清晰地告诉孩子，如果被风沙迷了眼睛，应该怎么“自救”。

1．让孩子戒除胡乱揉眼睛的坏习惯。

当眼睛里进了风沙之类的微尘时，一定要控制自己不要揉眼，而要立刻轻而快地眨眼睛，如此能够刺激泪腺分泌眼泪，带出微尘。还可以找一个背风的位置，一手翻开眼皮，一手拿消过毒的棉签将微尘清除。在清除微尘时，一定不能使用不干净的毛巾或者纸巾，以免导致眼部感染。如果随身携带有滴眼液，也可以立即在眼睛里滴几滴，排出微尘。若不能顺利清除异物，则应该立即去医院。

2．告诉孩子，用清水冲洗是清除眼内微尘的最佳措施。

如果被迷眼时离水龙头较近，可以先感觉一下微尘的大概位置，将水龙头旋开，使其保持适当的冲力。然后将眼皮翻开，用水慢慢清洗。如果当时眼皮不能翻开，也可以将其拉开清洗。

需要注意的是，如果眼内的微尘不能被立即清除，应该马上就医，请专业的医护人员帮助。因为如果眼部组织长时间被微尘摩擦，极容易造成感染甚至是严重的眼部疾病。

小贴士：

其实，除了风沙入眼不要随便搓眼睛，平时孩子如果过多地搓眼睛也是不好的，不利于眼睛的发育。随身携带一瓶滋润明目的眼药水，是比较可取的做法。如果孩子遇上了风沙或者杂物入眼，可以利用眼药水来帮助沙尘等杂物的排出。

☆雷电交加的时候，孩子如何自我保护

［案例］放暑假了，小伙伴们商量好一块儿上山摘杏。一个小男孩脱下鞋子，三两下爬到了杏树上，看准了杏多的地方，拿了竹竿便开始打。树底下的孩子欢呼着，一边捡一边吃。

夏日天，娃娃脸。没过多久，晴空的天气便被来势汹汹的乌云吞噬了。一帮孩子赶紧捡了杏子，匆匆忙忙往山下赶。谁知，到半路上豆大的雨点便砸了下来，还伴有阵阵滚雷。正好不远处有个能够避雨的小屋，几个人便躲了进去。房子上的雨水经由一个铁制的管道汩汩流到地上。

这时，一个男孩大叫：“快来，我们借这水把身上的泥洗洗

吧！”他说着便走了过去。男孩把手上的泥洗了，然后靠着那根管子开始洗脚。忽然一道闪电劈下来，同行的孩子们都不知道发生了什么，只听见一声惨叫，然后那个洗手的小男孩就抽搐着倒下了。孩子们吓坏了，赶紧跑到小男孩旁边救他，但为时已晚。

等闻讯而来的大人赶到，这些孩子才明白原来是雷电劈中了他们的同伴。他们万分悔恨，要是能多了解一点关于雷电的知识，今天这样的事情就不会发生了。

风雨难测，我们不能总陪伴在孩子身旁，为了保证雷雨天出行的安全，我们都应该让孩子掌握一些关于雷电的知识和保护措施。

首先，让孩子明白雷电产生的原因是什么。在雨天，云层与地面、云层与天空、云层与云层之间出现的电位差达到一定的数值，则会产生闪电。在闪电发生的瞬间，其周围的水滴因高温蒸发成气体，进而使空气的体积瞬间受热膨胀，并发生巨大的轰鸣声，即为雷声。全世界每年的雷电至少有1 600万起，平均下来，每天约有44 000次。如果再精确一点，世界上每一个小时出现的雷电就有1 800起。

还有，要告诉孩子，夏季雷雨天极容易发生雷击事件，让孩子千万别抱着侥幸心理。所谓雷击，就是超过人体能够负荷的闪电电流流经人体。遭遇雷击的人会暂时休克、烧伤，甚至还有人因此送命。

在这里，我们可以教孩子几个简单的自我保护措施，以提防雷电的“亲吻”。

1. 叮嘱孩子，若在户外遇上雷雨天气，一定要暂时停止赶路，找个安全的地方躲避。

如果附近没有可供躲藏的地方，则应该迅速俯首合拢双脚，下蹲抱膝，使自身的高度尽可能降到最低。若手中拿有金属制品，如雨伞、镰刀等，应立即将其远远抛开。

2. 在躲避雷雨时，一定不能躲在高大的物体下面。

例如大树、电线杆、高塔等。而且，让孩子明白，哪怕是在房屋里，也一定要远离门窗、暖气片以及自带天线的电视等。同时，雷雨天最好关闭手机，避免拨打或接听电话。

3. 让孩子掌握一定的雷击急救方法，若有人被雷击中，情况不严重的，可先对其实施人工呼吸，随即就医。

暴风雨和雷电是吓人的，不少孩子都会害怕，但是雷电本身是自然现象，在教育孩子必要的安全知识的前提下，家长要避免将雷电、暴风雨等自然现象“妖魔化”，我们是要孩子掌握安全知识和求生技巧，不是让孩子害怕雷电，因为这样会对孩子的身心成长造成影响。

小贴士：

平日里，家长可以和孩子一起阅读关于富兰克林的书籍，将他的事迹以故事的形式讲给孩子们听，普及雷电的知识。家长要注意的是，一定要把握科学的尺度，既要说清楚，又不能说得太夸张，要懂得过犹不及的道理。

☆教孩子识别“闪电”一样的高压标志

［案例］2006年8月10日下午，家住海口正义路的小谢和三个同龄人遭遇了电击事故。这天，这四个小学生在离家不远的河边垂钓。一高压电线杆就在他们的头顶，高压线穿过电线杆，每根约有手指粗细，高压电开关还有三个，且非常大。

四人对头上的危险并无意识。小谢看见鱼竿被东西往下拽，以为是鱼，就使劲拉鱼钩，不料太用力了，鱼钩一下子挂到了高压线上。只听一声轰响，高压电击伤了小谢连同他旁边的两个孩子。两个孩子被电伤在地，小谢则被强电流击到了两米余深的河里。

事发后，小谢一脸血，强电流烧破了他的衣服，留下了十余个窟窿。路人将小谢救起，之后救护车赶至现场，小谢头部被急救人员稍作包扎后，就立刻被送至急救室，经抢救，小谢好不容易保全了性命。

诸如此类的孩子触电案件还有很多，家长为此自然是忧心忡忡，但是家长不可能每天守在孩子身边。因此，我们要教育孩子对特定的电力标志有所认识，尤其是“闪电”一样的高压标志，因为越是高压电杆，其产生的电流越大，所造成的危害也越大。

家长对此要从教育抓起。

1. 我们要告诉孩子，何为电流。

水管里流的水叫做水流。电线中流的电叫做电流。水流有大有小，电流也有强有弱。强电流经过身体时，会有又麻又热的感觉，且肌肉还会自动弹动，之后便会无意识，严重的会因此而丢了性命。

2. 让孩子充分认识何为高压电。

安全电压是指在36伏以下的电压。通常工业电压是380伏，居民使用的电压是220伏，超过1万伏的电压称为高压。凡是高压装置，通常都会有像“高压，危险”的警示。别让孩子在变压器和高压线旁边逗留。切忌在高压线附近放风筝，由于风筝很可能挂在高压线上，所以，很容易导致触电。

3. 一定要叮嘱孩子，切忌攀爬电线杆，勿将湿衣服搭在电线上。

4. 教育孩子，若在野外遭遇雷雨，切忌在电线杆、塔、树和烟囱等下面避雨。

由于凸显的地方极易被雷电击中，所以也不可在山顶停留。

还有，要告诉孩子，如果雷雨天气，恰好在水上活动，应尽快避开水面，不然就可能招致雷电的袭击。

小贴士：

除了一般的雷电标志，家长可以通过网络搜索，下载不同的标识，教育孩子。比如什么是高压标志，什么是化学物品标志，什么是雷电警报、台风警报的标志。让孩子尽量接触一些不同的标识，对孩子是百利而无一害的。

☆告诉孩子不要怕，对付扭伤有方法

［案例］陈伟非常喜欢打篮球，常跟要好的同学一起去篮球场切磋球技。一天，一群人正玩得高兴，忽然陈伟"哎哟"一声倒在了地上。同学们赶紧上前问他怎么了，陈伟皱着眉头说："脚又扭了！"

短短的半年时间，陈伟已经因扭伤进过三次医院了。

其实，陈伟的例子并不是个案，很多学生因保护措施做得不到位，经常造成扭伤。

那么，如何避免孩子受伤呢？我们要教育孩子运动前一定要先热身，尤其是户外运动。因为在户外不比在学校，学校里头有校医，有老师，万一在户外运动因热身不足而受伤，若有没有掌握必要的急救措施，那就麻烦了。

因此，预防胜于治疗，一定要告诉孩子运动前热身的重要性。尤其在高强度的运动之前，做好热身运动，可以将扭伤的发生率降到最低。此外，还要提醒孩子，运动之前，要换上弹性较好，底子较软的鞋子，或者在鞋子里铺上厚鞋垫也可。

剧烈的体育运动是造成孩子扭伤的直接原因。通常，扭伤多发生在手腕、腰部以及脚踝处。腰部扭伤其实就是“岔气”或者“闪腰”。对于关节扭伤的人来说，多有明显的胀痛感，不能使力。扭伤的患者普遍会感觉疼痛，而不少患者也会有伤处不能活动、淤血等症状。通常，扭伤的部位不同，所采取的治疗方法也有所差别，这些扭伤的急救措施，我们需要分类跟孩子讲解清楚。

1. 手指扭伤。

手指扭伤在生活中极为常见，玩耍、打球、提水等都有可能造成手指扭伤。手指一旦扭伤，患者会有剧烈痛感。此时，要立刻用冰块对伤处冷敷，当然，干净的湿毛巾也可以。如此一来，血管能够在第一时间收缩，将伤处的胀痛感降到最低。

患者可采取的紧急处理措施为：取适量冰水，将伤处浸入其中，15分钟为宜。用湿冷的纱布包扎之后，将伤指伸直，用药和胶布固定好。在包扎时，应该查看手指关节的灵活度。若手指有活动障碍或呈下垂状，则要考虑到手指可能已经骨折。一旦发现这种情况，应立即交由医生处理。

2. 踝关节扭伤。

在身体的扭伤中，踝关节扭伤是最为常见的一种。踝关节发生扭伤之后，一定要中止一切活动，静养休息。可将小腿平放在抱枕上，加速血液循环，达到散瘀的目的。除此之外，伤者禁止按摩伤处。若疼痛难忍，可将冰块用干净的毛巾包住，冷敷15分钟，每次间隔6小时。家长须知，如果没有外伤，可在扭伤48小时之后，热敷伤处，使血液循环更为畅通，进而促进渗出液的吸收，缓解痛感。也可以用云南白药与蛋清或黄酒和成糊状，均匀涂于患处，再用干净的纱布包扎好。一天换两次药。这样可以活血化瘀，对扭伤效果明显。

3. 腰部扭伤。

人体腰部因用力过度所导致的撕裂性损伤就是腰部扭伤。多由突然转身、背负重物时重心不稳、用力不当等原因造成。一般腰部扭伤后，患者有剧烈痛感。此时，患者应立即放下重物，采取必要的处理措施。尽量不要立即就医，因为过多的活动很可能会使扭伤加剧。可先用干净的冷毛巾冷敷伤处。腰部扭伤后，尽量用较宽的腰带，在硬板床上休息。

不管是哪个身体部位，扭伤之后，一定不要随意活动伤处。不然，很有可能导致再次扭伤，进一步加深肿胀和疼痛。若患处疼痛难忍，也可口服适量的云南白药胶囊等止痛活血的药物。

小贴士

孩子老是急性子，热身运动老遗忘。对此，家长可以多进行亲子运动交流，和孩子一起进行各种运动，并且以身作则地带领孩子进行热身运动，让孩子养成做热身运动的习惯。

☆注意乘车误区，确保人身安全

［案例］星期天的时候，张悦和妈妈一起去乡下看外婆。上

路十分颠簸，没多久，张悦就感觉头晕恶心。他打开公共汽车的窗子，将头伸出窗外。外面一阵凉风吹过来，这才感觉好了很多。

谁知这时，汽车使劲颠簸了几下，竟把张悦从窗口甩了出去。妈妈吓坏了，赶紧让司机停车。随后，妈妈慌慌张张地将昏迷的张悦送到了医院。医生给张悦检查了身体，除了惊吓过度和头部流血之外，其他倒没什么。

医生嘱咐道："外出乘车一定要注意安全。"

每逢假期，家长很可能就带着孩子走亲访友、出门旅游、逛街购物，这就涉及交通乘车问题。出门在外，一定要将安全放在第一位。家长应该注意对孩子普及乘车的各种自我保护措施，使其树立正确的安全意识。

家长应告诉孩子，乘车时，一定不能趴在窗上，将头部暴露在车窗外。因为公路上车来车往，若两辆车之间的距离较近，极有可能受伤。如果车辆在高速公路上前行，孩子将头伸出窗外，很可能会因为强劲的气流或者突发事故致使孩子被拖拽出窗外。所以，家长应告诉孩子在乘车时，要端坐在自己的座位上，避免走动或趴在窗沿上。

最新的数据表明，交通事故致使儿童受伤的比率已达百分之十，而且仍呈上升趋势。交通事故已经演变成扼杀儿童生命的重要威胁。因此，家长在教育孩子的同时，应该注意乘车的几个误区，以确保孩子的人身安全。

误区一：抱着孩子最安全

通常，大多数的家长在乘车时，都习惯性地将孩子放在旁边的座位上，或者搂抱着。专家直言，父母如此作为等于给孩子埋下了安全隐患。对于成年人来说，急刹车或者轻微的车辆摩擦都极为平常，也不会有什么损伤。但对于幼儿来说，很可能会有生命危险。相关测验证明，如果汽车行驶时的速度达到40公里[①]/小时，踩下急刹后，由于惯性，本来只有11斤[②]重的孩子会突然增重至220斤。在这种情况下，父母根本就不能保证被随意放在车座上或者搂抱着的孩子的安全。

误区二：系上安全带可保孩子安全

很多家长为了保护孩子的乘车安全，习惯给孩子系上安全带。那么，家长这么做是否真的就万无一失了呢？近年来，专业机构的研究证明，在乘车时，家长应该将孩子放在专用的儿童乘车椅上，并将其固定好，这样能够有效地保证孩子的乘车安全。同时，孩子被随意放在座位上出现危险的概率比放在安全座椅上高出80%。当然，若儿童系上安全带，也可减少60%的危险发生率。也有一些研究人员称，车子座位上所配置的安全带多为成年人使用，与儿童的体型不符。假如让孩子使用安全带，若出现交通事故，很有可能使孩子的腰部和头部受到挤压伤害。

误区三：装了汽车儿童座椅就放心

汽车儿童座椅是专门针对儿童设计的，是保护儿童乘车安全的一种用具。虽然很多父母都会为孩子在汽车上安装一个专用的儿童座椅，但是很多人对其安装的方法和位置是否符合标准并不关注。专家称，汽车后座是儿童座椅的最佳安装位置。如今的汽车都配备了安全气囊。紧急情况下弹出的安全气囊对成年人而言并没有什么影响，但对于身体弱小的孩子来说，极有可能对其造成损伤，严重的还会导致孩子呼吸困难或者骨折。所以，专家建议，家长应该配置两个或以上类型不同的儿童专用座椅。应将儿童专用汽车座椅固定在后座，并要求儿童背对驾驶座。

---

① 1公里=1千米。

② 1斤=500克。

小贴士：

在孩子乘坐汽车的时候，为策安全，我们可以让孩子坐在驾驶座后面的后排位置，并且为车门锁好童锁，同时要告诉孩子不能将头伸出车窗。除此之外，还要让孩子明白，朝车窗外扔垃圾也是不好的，可能会让后面的汽车受到影响。

☆告诉孩子游泳时怎么避免抽筋

［案例］晴晴和小玉准备去游泳。两人约好，到了游泳池。但见蓝色的池水波光粼粼，一股凉气扑面而来。晴晴感到很振奋，一头扎进了水里。小玉呢，先是认认真真地淋浴，然后又不紧不慢地做热身运动，晴晴催促了好几遍，小玉才缓缓走下水。

晴晴本来在水里玩得挺起劲，但没多久，她的左腿突然抽筋了，疼痛得非常厉害。她大喊小玉，在小玉的帮助下，她离开了游泳池。小玉把她送进了医务室。

在水中抽筋是非常危险的，尤其对孩子来说。孩子的应变能力相对成年人要差，在陆地上抽筋还可以哇哇叫，但是在水中抽筋，一急就容易呛水，甚至溺水。不能不说，这对生命安全是非常严重的隐忧。

家长要让孩子明白，身体在外界气温高的时候，会自动地对体温进行调节，排出汗液。外界温度越高，皮肤上的汗毛孔张得越开。若这时立即扎到凉水里，凉气通过汗毛孔进入体内，腿很可能会因此抽筋。

所以，家长一定要教育孩子：在游泳之前，应该先淋浴，给身体一个适应水温的时间；或者先吃些凉的东西，如冰激凌。等身体温度降下去后，再开始游泳。同时，还要适当做一些热身运动，使身体的各个部位都得到舒展，这样才能有效避免腿抽筋的情况出现。

在游泳时，千万要避免盲目比拼。应该张弛有度，时快时缓。如果出现抽筋的情况，应该放松身体，仰面浮起，蹬直腿，脚背尽可能地靠拢小腿，待痛感稍缓后，再上岸。

小贴士：

所谓欺山莫欺水，游泳是非常健康的运动，同时也隐藏潜在危机。对于孩子游泳，家长要格外留神。如果孩子到露天浴场和海滩游泳，家长最好陪伴左右，以策安全。

☆叮嘱孩子，被毒蛇咬伤千万不能揉

在野外活动时，途经杂草繁盛的区域，如森林、灌木丛、山峰等地，都可能会被毒蛇袭击。我国毒蛇种类繁多，分布广泛，大部分区域都有毒蛇的踪迹。

被毒蛇袭击是让喜欢野外活动的人们非常头疼的一件事。孩子进行户外活动时，更要注意这一点。丛林里隐藏着各种各样的毒蛇。它们凭借天然的保护色，迷惑着人们。一不留神，它们很可能就会给孩子一个致命的“蛇吻”。

［案例］彤彤和爸爸妈妈一起去秋游，在爸爸妈妈正准备野炊工具的时候，彤彤主动到附近的丛林中捡柴火。由于时值秋季，天

气秋高气爽，还算暖和，彤彤没有穿严实的长裤，只穿了一条七分裤加小布鞋。

彤彤兴致勃勃地捡地上的枯枝，一个不小心，竟被毒蛇咬到了。彤彤很害怕，哇哇大哭，彤彤跑到爸爸妈妈身边，哭着说了这不幸的遭遇。爸爸妈妈大惊失色。她感到痛痒难忍，忍不住想揉揉伤口，妈妈赶紧抓住彤彤的手，告诉她：被毒蛇咬伤了，不可以揉伤口。因为伤口残留毒蛇的毒液，如果揉搓伤口，会加速毒液扩散，更加不利于后期治疗。

爸爸妈妈让彤彤平缓地躺下，同时用一块小手帕绑扎了伤口以上的小腿位置，这是为了扎紧回流的血管，不要毒素扩散太快。他们不断安抚彤彤的情绪，避免她情绪过于激动，加速心率。之后，爸爸妈妈赶紧带着彤彤来到了最近的医院。

彤彤父母的做法是恰当的，但是不一定每一次发生这种意外的时候，父母都在孩子身边，因此，家长需要传授孩子一套被毒蛇咬伤后的及时抢救措施。因为在80%的毒蛇攻击事件中，伤者都是因为缺乏及时的急救处理而导致毒液扩散，导致了更加严重的后果。

1. 避免慌张，切忌用手揉搓伤口。

孩子总是有一个习惯，被蚊子叮了会抓，被有毒的蛇虫咬到了，还会耐不住疼痛去揉搓伤口，希望能减轻痛楚。然而，一旦被毒蛇咬伤，揉伤口是十分不可取的，因为毒素残在伤口中，揉搓伤口会加速伤口附近的血液循环，使毒素加速扩散。因此，家长一定要叮嘱孩子，万一不幸被毒蛇咬伤了，首先要做的，就是不要揉伤口。

2. 让孩子当机立断，正视毒蛇的伤害。

告诉孩子，被毒蛇袭击后，不要惊慌失措，急于奔走，更不要用手抓挠伤口，而要保持镇定，判断袭击自己的蛇是否有毒。怎么判断呢？

第一，看蛇，毒蛇的头部多呈三角状，有细长的毒牙，全身色彩斑斓，较为凶猛。第二，看伤，毒蛇留下的前两个牙痕大且深，而普通的蛇类留下的前两个牙痕则呈“八”字状，比较浅。

3．教育孩子火速救治的方法。

被咬伤后，马上在伤处的上方约6厘米处用一条长带子绑紧，期间应以10分钟为周期松开带子2分钟左右，避免肌肉组织坏死。检查伤口，看里面是否有毒牙，若有，应立即取出。如果条件允许，可用大量净水或者凉白开对伤处进行冲洗。再找一把干净的刀子，将毒牙所在的地方切出一个“十”字，然后可利用拔火罐的方法吸出蛇毒；若条件不允许，也可用手使劲将蛇毒挤出来。情势严峻的时候，在确保口中没有伤口或者龋齿的前提下，也可直接用口吸吮伤处，然后将毒血吐掉，如此反复。

告诉孩子，若随身携带有解蛇毒的药物，应马上服下，并在伤处附近涂上一层解毒粉，随后及时到最近的医院就医，千万不可过分依赖自身的急救，而忽视了正式就医的重要性。

此外，我们应该教育孩子，走在灌木丛中，最好戴一顶草帽，因为很多时候，毒蛇会藏身于枝丫间，草帽可以抵挡毒蛇的凌空一击。

最后，要让孩子树立正确的观念，若蛇没有感受到危险的存在，它们不会主动袭击人。所以，告诉孩子，看见毒蛇时不要惊慌，最好轻轻离开，直至到达安全的区域。这样，就可以尽量避免毒蛇伤害了。

小贴士：

在教会孩子被蛇咬伤懂得自救的同时，在生活中，我们也要有意识地给孩子讲解一些科普知识，并且让孩子明白，如果走在草丛中，很有必要手持一根木棍，这样能帮助我们在前行中拨开杂草，避免直接惊扰到毒蛇。

☆迷路不要慌，妈妈传授各种自救方式

［案例］星期天到了，老师组织同学们去森林郊游。能够自由地呼吸大自然的空气，展清高兴极了。他听着森林里鸟儿的歌唱，踩着枯叶蹦跳着往前走。忽然，展清被一只色彩斑斓的鸟儿吸引了注意力，他立刻拿起相机，想就近拍一张照片。但那鸟儿一个劲儿地往前飞，展清就一直跟着鸟儿跑。等他回过神来的时候，已经不知道自己身在何处了。

展清心里害怕极了，他试着喊了两声，无人应答。展清急得眼泪都要掉下来了。他忽然想到以前在家的时候，妈妈曾说过："如果迷路了，不知道自己所处的位置，一定要定下心来，不要慌。"

展清试着将自己紧张的心情平复下来，他开始思索怎样才能走回去。他按照妈妈曾教过的野外求生知识，先仔细地回想了自己追鸟儿时的方位，他又观察了周围的景物分布，找到了自己来时的脚印，然后他循着脚印，一点一点地往回走。等再次听到同学们的笑闹声时，展清大大松了一口气。

外出迷路，是很多孩子都有过的经历，家长能做的是教育孩子如何在迷路的情况下分辨方向，以免"越陷越深"。首先，要告诉孩子一旦迷失方向，一定要保持镇定，千万不要慌。告诉孩子站在原地，回想自己来时的路，并根据周围的景物或者太阳的方向明确自己的方位，据此

找回来时的道路。

如果找不回原来的路，可先看看附近是否有人。迷失在森林里，如果没有熟悉地形的人带领，很可能会走到森林深处。为此，家长要预料到这些场景，告诉孩子他应该这么做：

1. 以最快的速度爬上附近的山坡。

这样一来，不仅可以明确自己所在的方位，而且还能够发现附近是否有人迹，诸如屋子、田地、炊烟等等。若你看见了这些，一定要立即赶过去。

2. 若四顾周围，没有看到任何人迹，这时孩子可以看一看附近有没有水流。

通常，居住在森林里的人都会在路边或者河边建造房屋。所以，顺着水流而行，很可能会发现人家，继而走出森林。如果不能立即找到人，也可以补充必需的水源。

3. 若上述的两个方法都不可行，那么就应该确定来时的方位。

而后，按照这个方位沿着山脊前进，并在途中寻找熟悉的景物。当然，也可能发现人迹。

4. 仔细地观察附近的小草。

被踩过的小草一般都是伏贴大地，且其方向与来时方向相反。而没有被人涉足的草地，小草都是直立着的。

此外，很多孩子可能在迷路时非常慌张，失去了方向感，因此，家长要教会孩子在森林里没有指南针的情况下，如何确定方位：

（1）教会孩子，在保证天气晴朗以及手表时间的误差较小的前提下，将手表与地面平行放置，时针对准太阳所在的方向，而时针与12点所成角的角平分线所指方向即为南方（就北半球而言）。

（2）若没有太阳，我们要教会孩子观察附近树枝或者石块上的苔藓，针对北半球来说，北面的苔藓与南面相比较为旺盛。

（3）如果在晚上迷了路，若没有十分紧急的事情，暂时不要随便乱走，应先找个能够栖身的地方呆一晚，待天亮了再寻出路。叮嘱孩子，千万不要在迷路的路段不断地来回行走，这样很可能遇到危险。如果必须离开，则可以观察天上的北斗七星，其中北极星所在的方向便是北方。

小贴士：

针对孩子容易迷路的情况，家长可以从两方面入手，一是送孩子一个指南针，教会孩子如何看指南针辨方向；二是要教会孩子用不同的方法认路，提升孩子在迷路中自救的能力。

☆让孩子掌握应对台风的好办法

［案例］天阴沉沉的，眼看台风就要来了。刚一放学，李扬就骑上自行车往家赶。风沙越来越大，李扬只好下了车，眯着眼睛往前走。忽然，李扬听见“咔嚓”一声响，接着便感觉有什么东西砸在了自己身上。等他回过神来，才发现是路旁被刮倒的小树。李扬检查了一下身上的伤，还好，不是太要紧。他扶起自行车，继续往家走。还没走多远，又有一个大树枝从树上砸下来，李扬侥幸躲到一旁，万幸没有伤到自己。

李扬所遭遇的台风并不十分强烈。强力台风来袭时，不仅会有大风沙，还有密集的暴雨。

通常在特定的季节里才会出现台风，而且台风的入侵路线也比较规律。在孩子出门游玩之前，我们要叮嘱孩子尽快了解近几天的天气状况，尽可能避开台风。但是，偶尔也会出现一些没有规律的台风。因此，家长要提前教育孩子，当台风来袭应该怎样保护自己。

1. 明确地告诉孩子在台风期，最好待在家里。

如果有紧急事情需要出门，尽可能弯下腰前进。出门之前，应该穿上色彩明艳、贴身的衣物和胶鞋，并将其用带子绑紧，避免被风雨灌入。此外，还要穿戴好雨衣和雨帽（头盔也可），以防暴雨。

说到这里，就再多说一点：在台风天或者暴雨天，撑雨伞对于孩子而言是危险的，因为一旦逆风的话，雨伞很可能会被大风吹反，对孩子造成危险。因此，家长不妨给孩子准备小雨衣，如果遇到大风天，给孩子穿雨衣其实是不错的选择。

2. 告诉孩子，如果半路上遇到台风，步子一定要扎稳。

顺风而行时，一定不要奔跑，不然很难停下脚步，更有被风吹走的可能。若附近有固定的物体，如栏杆、灯柱等，可紧抓着前行。

3. 注意上空，谨慎前行。

如果当时所处的位置建筑物较多，一定要时刻注意头顶，避免被重物“空袭”。走到转角时，应先探查一下前路再继续走，不然有被风中的物体砸伤的危险。在位置较高的地方（如高桥）前进时，尽可能使身体降低，避免跌下水或被风刮倒。

最后，也是很重要的一点，我们家长一定要提前教育孩子，一旦被台风带入海中，尽可能往岸边游。若距离太远，可借附近的漂浮物暂时栖身，等待援助。

小贴士：

若台风来临时伴随暴雨，一定要避开水洼，特别是不满10岁的小孩子。如果必须越过水洼，则可将孩子放在木板上或者大盆中在水洼上渡过。

☆告诉孩子如何防范森林火

［案例］清明的那天，于晨跟着爸爸去郊外为故去的爷爷烧纸钱。到了目的地，于晨给爷爷磕了头，将纸钱点燃，开始放鞭炮。谁知，飞溅的鞭炮不小心钻到了附近的草堆里。只一瞬间，火便烧起来了，周围的干草和树木噼噼啪啪作响。于晨和爸爸赶紧开始灭火，但火势太大了，差一点还烧到了他们身上。

两人没办法，只好离开森林沿着河岸奔跑，并开始呼救。不一会儿，附近的村民就赶到了，他们用镰刀在那些燃着的树枝和干草周围割出一个圆圈，没多久火势便被控制住了。看着眼前的这一幕，于晨和爸爸大大松了一口气。

一个村民说道："下次一定要记住了，不能在有易燃物的地方燃放鞭炮。"

"森林火，猛如虎"，家长一定要提高警惕，虽然孩子不一定长期在森林中游玩，但是森林火难以控制和预测，我们必须要跟孩子上好安全课，告诉孩子一旦遇上森林火灾，可以采取什么措施使自己安全逃生：

1．教育孩子，在逃生时，一定要时刻关注风向是否发生了改变。

因为风向决定了火灾将会向哪里蔓延，这对选择逃生方向很重要。

大量森林火灾的事例表明，若风力超过5级，火势便会失去控制。当风突然停止时，一定要提高警惕，因为此时的风向很可能会发生改变。一旦判断失误，就会有被烧伤的可能。

2. 教会孩子沿河逃生，注意观察周围是否有河流，若有，应顺着河流的方向跑。

若火势过于猛烈，还可及时跳入水中，不但能够缓解窒息的症状，更能避免被火烧伤。

3. 若失火地点是在半坡上，教育孩子应立即朝山下奔逃。

一般来说，火势朝山上蔓延远比人奔跑来得快，若向山上跑，很有可能被火吞没。

4. 假设当火势迅速蔓延时，告诉孩子若有时间，可将周围的易燃物点燃，而后在烧净的空地上趴下，注意避免吸入烟尘。

我们要让孩子明白森林火的严重性，告诉孩子在享受大自然带来的清新与欢乐时，还要时刻记得大自然也有“发怒”的时候。因此，了解一些野外生存的技能和自救措施，会让孩子的出行更为安全。还要向孩子强调一点，途经森林时，禁止向林中抛扔废弃的火种，尤忌在森林里使用明火。

小贴士：

家长除了要告诉孩子防范森林火的知识，以及遇上森林火的自救方式，最好还要给孩子配备一个具备定位功能的通信设备，以防孩子在逃生的过程中在丛林中迷路。

☆泥潭危险，及早教会孩子“仰泳脱险法”

［案例］十一放假期间，关易在老师的带领下与同学们一起去山里游玩。他边走边看，浑然不知自己早已远离了老师和同学。忽然，关易感觉有什么东西吸住了自己的双脚，他低头一看，发现自己竟不小心陷进了泥潭。

关易害怕极了，他使劲挣扎了几下，但越挣扎身体越往下陷。关易一看情况不对，立刻大声呼救，并让自己像仰泳一样躺在泥潭上。不一会儿，听到呼喊声的老师和同学们都赶过来了。老师将一根粗绳绑在腰部，一步步向关易挪去，等紧握住他的手之后，同学们开始拉另一头的绳子。

关易获救了！

关易虽深陷泥潭，但他能够立即镇定下来，并及时仰躺在泥潭上，这是非常正确的。在我国，很多地区都遍布着流沙和泥潭，如果不加注意，就有可能深陷其中，甚至失去性命。因此，家长让孩子了解一定的自救措施非常必要。

（1）一旦被泥潭缠住，应该保持镇定，一定不要大幅度地晃动身体或者挣扎，这样只会让自己陷得更深。

应该缓缓地平卧在沼泽上，最大限度地扩展自己的身体面积，增大身体的浮力。而且要立即将身上不必要的重物扔开，但要保留斗篷或者旅行包，因为它们可以让身体的浮力增加。若手中有长棍之类的东西，可将其插进平躺地的泥潭中。

（2）若条件允许，可以一点点地爬行或者滚到安全区域。

在移动时，一定要万分小心。每动一下，都要停一下，给泥沙足够的时间集聚在身体下面。如果周围有草丛、树根之类的东西，可紧紧抓住它们往前移动。所有的这些都可能花费许久时间，但你一定不能失去耐心，要用最轻缓的动作才能逃出险境。累时可舒展四肢，暂时躺一会儿，这样也不会让你陷得更深。

（3）如果同伴在附近，应安静地躺在泥潭上，等待他们用绳子或者木棍助你离开险地。

小贴士：

家长一定要叮嘱孩子，在野外时，一定要事先弄清楚附近的地势地形。若发现有沼泽或者流沙，那么一定要保持警惕，千万不要贪玩，挑战大自然的力量。

☆孩子在冰面上行走，应该注意些什么

［案例］放寒假的时候，季鹏和其他的三个同学一起商量着来一次独特的冬季大冒险。四人决定，先设法渡过那片结了冰的大湖泊，再从海拔2 000米的山上越过去，再穿过一片森林。

四个人一起到了那座结着厚冰的湖边，他们都知道这里的冰厚，连试都没试，便都跑了上去。他们溜滑着向湖对岸跑去。季鹏忘乎所以地拾起冰面上的一片瓦，踩在脚下以最快的速度往前冲。

还大喊着："快看！你们快看！"话音刚落，四人便听见"咯吱咯吱"的声响，等他们回过神来，季鹏的一只脚已经掉进冰窟窿里了。

季鹏的心中充满了恐惧，他甚至感觉不到刺骨的凉意。他挣扎着想把腿抽上来，但根本没用，冰继续开裂。其他三人看着前方陷进冰窟窿的季鹏，他们急得大吼："别怕，我们去帮你！"但同行的李跃却厉声制止了他们："不要，都别动！"

李跃定了定心，朝着季鹏说："快，把身上的背包扔一边，立刻趴在冰面上！"这时，季鹏也恢复了镇定，他听从了李跃的话。而后李跃又说："一点点往前爬，动作小点！"

季鹏慢慢爬了出来，其他三人紧张地看着他。最后季鹏安全了，大家都长长舒了一口气。

对于冰面的厚薄度，孩子缺乏必要的判断力。因此，为了防止孩子踏破冰面，落入水中，我们要提前跟孩子分享必要的自救措施，如果陷进冰洞里，要怎么做！

（1）告诉孩子，万一摔在冰面上，一定要保持镇定，不要慌，更不要胡乱挣扎，否则只会让冰洞裂得更大。

要记住，最好在掉下去的位置爬上来，若盲目寻找其他出口，很可能会导致严重的后果。

（2）教会孩子仔细地观察周围的冰层。若发现裂纹较少的地方，将身体趴伏在冰层上，手紧贴冰面，利用双脚运动使自己浮起来，身体最好成一道直线。而且一定不要将所有的力量都集中在双臂上。

（3）让孩子学会在危机的时刻，最大限度地舒展身体。用手肘一点点往前挪，慢慢使身体离开水。

还要告诉孩子，离开冰洞后，应立即找一个安全的地方将身上的湿衣换下，热身取暖。

小贴士：

孩子喜欢堆雪人，喜欢滑冰，到了冬天，不少孩子会走到冰面上玩耍，为此，家长除了要教会孩子判断冰面厚薄的基本常识，让孩子明白各种在冰面不慎落水的自救方式之外，更要劝诫孩子，尽量避免在冰面长时期停留或者进行活动。

第四章 公共场所危险多，教育孩子对付各种安全小隐患

☆孩子乘坐交通工具时，注意被贼盯上

［案例］在公车上，上来一个穿着一身黑衣服的男子，当汽车行驶到了下一个站点的时候，男子借助自己手臂上的外套的掩护，将手伸向了小熊背后的单肩背包。

小熊没发现这个动作，不过旁边的一个小姑娘看到了。看着男子已经把小熊书包上的拉链打开了，小姑娘对小熊说：“不好意思，可不可以借我一张面巾纸？”

小熊欣然答应了，就要取面巾纸。小偷一看，立刻就把手收了回来。这时小熊才意识到差点发生什么。之后他就一直把包放在自己的胸前抱着。又过了一站，男子赶紧下车逃跑了。

小熊保护好了自己的财物，但是我们完全可以猜到，没有小姑娘的帮助，小熊一定会因为自己疏于防范而丢失东西。

到了中学年纪，孩子往往需要乘坐公交去学校，但是纯真的他们不知道，财物外露是一件很危险的事情。所以我们一定要叮嘱孩子在出门的时候，应该谨慎防护以避免小偷的“光顾”。

小偷偷窃，有的掏包，有的用镊子夹，有的直接用刀子割包；有专门偷手机的，偷身上戴的首饰的。总之，各种目的，各种方法。在不同的时刻对待不同的目标，小偷们会使用不一样的手法，这常常让孩子们难以防范。对于孩子来说，保持自己的警惕是最重要的。

那么孩子对自己的财物如何进行保护呢？

1. 告诉孩子在外面乘坐公交车时，在车站等车的时候应当注意周围。

这时候最忌讳的就是把自己的钱掏出来在大家面前数。因为很多的小偷都是这样，在等车的人中寻找他们的目标，如果数钱的话，无疑告诉了小偷自己有多少钱、藏在哪里，这简直就是“快来偷啊”的信号。

2. 教育孩子不要拥挤着上车。

当汽车到站的时候，大家都会蜂拥而上等着挤上车。这时候小偷最好下手了。基本上越拥挤的人群就越帮助小偷进行隐蔽的偷窃。甚至有时候乘客们都不挤着上车，小偷也会故意向人群中挤。趁着人与人之间接触，小偷常常会偷走放在身边的手机、身上的饰物之类的东西。对于孩子而言，小偷最“青睐”的就是外衣的口袋、裤子的后口袋、背包、手提包等，贵重的东西最好让孩子不要放在这里，尤其是他们的手机，小偷很容易就拿走了。他们一般都是“一拔二割”，把手机从手机套里面拔出来，再用小刀把保险绳之类的固定部分割开。还有那些放在自己口袋里的手机，也容易被小偷盯上。最好就是让孩子把贵重物品搁在包中，自己抱在胸前再上车。

3. 钱包要放在正确的地方。

一定要叮嘱孩子，钱包这样的物品最好不要放在裤子的后面口袋里，最好是放在侧面，然后用手自然放在身边挡住，在拥挤的人群中向车上走的时候，最好是保持着这样的姿势，不然就用手直接把钱包拿着。包能放在身体前面就放在前面，更好的方法是用自己的手抓着包的拉链部分，对背包的底部也要注意，防止有小偷用小刀割开。在车上的时候尽量避免打电话，这容易使自己精力不集中，导致警惕性丧失。

4. 平时坐车的时候，教会孩子注意周围人的表情，学会分辨。

小偷行窃之前一定要寻找下手目标和位置，所以他们经常眼睛乱看，注意别人的衣袋、背包等处。等到确定下手的对象了，他们一般先注意周围有无他人注意。一旦发现他人都疏忽就会尽快作案。这时候小偷因为自己比较紧张加上要把注意力集中在别的地方，常常看出他们眼神又呆又直、脸色也变红变白。

小偷们想要找人下手，都会在人群中挤来挤去，等到确定了要找谁，就会紧紧地跟在那个人后面，等到公交车上人特别多或者突然拐弯刹车的时候，小偷就会将自己的手靠近对象的衣服或是包，以作试探。再者，小偷很少有穿着较贴身的衣服的，他们衣着宽松，手里拿着外套、报纸、提包之类的东西，加以遮掩，这更有利于偷窃。在坐公交车时，孩子们如果发现周围有这样打扮的人，应当提高警惕。

最后，我们要教育孩子，临出门时就把需要用的一些零钱单独拿出来，买东西、上车投币的时候就可以方便使用，不容易被小偷发现自己身上的其他财物，更加安全。坐车的时候尽量别带太多的现金。一旦有需要，也要把钱分成几部分装起来，别全放在一个地方。注意有的地方不能放钱，尤其是背包边上的小兜里面。

小贴士：

现在不少孩子和年轻人都是手机族，一到空闲时间，比如在地铁内、公交车内，或者站台上，就会拿起手机阅读资讯或者玩游戏，家长要叮嘱孩子，这样做很容易给窃贼以可乘之机，所以一定要特别注意。

☆叮嘱孩子不要吃喝陌生人送的饮料食物

［案例］年轻的妈妈听到门口传来一个声音："阿姨给你水果你吃不吃啊？"

她抬头往女儿那里看，看到了一个带着男孩的妇女，她正用手中的小叉子给美美喂香瓜。妈妈快步走到了美美的身边，不容拒绝地提醒美美："还记得吗？妈妈说过不能随便吃别人给的东西。"

美美感觉到有一点委屈，但也只能拒绝了那位阿姨的好意。

过后，妈妈又教育美美："遇上陌生人，当他们劝你吃东西的时候，就算你再喜欢吃，劝你的人对你再友好，都不可以吃。她要说是爸爸妈妈的朋友，你不认识的话也不能吃。"美美不明白，为什么不可以呢？妈妈说："这可不安全，就像你看过的童话故事一样，白雪公主就是吃了那个巫婆的苹果才昏睡的啊！"

美美早就把这个故事记得清清楚楚，立刻就懂了并且记住了妈妈的话。

一般来讲，小孩子对于吃的东西都有很大的兴趣，有的坏人利用孩子们的这种心理，诱骗孩子。妈妈们也许不能够阻止别人给孩子东西，但是可以让自己的孩子学会拒绝。那么在生活中，家长应该怎样培养孩子的警惕性，让孩子学会礼貌地拒绝别人的"好意"呢？

1．通过游戏，让孩子学会拒绝。

用食物来诱骗孩子是一个多发现象，因此，要对孩子进行特定的训练，比如“情境训练”，通过家庭教育来强化孩子的意识，让孩子学会拒绝陌生人赠送的食物。

所谓“情景训练”是怎么一回事呢？让妈妈充当陌生的阿姨，爸爸带着孩子出门，在街上，爸爸打电话去了，“陌生阿姨”凑上来，用各种食物来诱惑孩子，看看孩子的反应。刚开始孩子可能忍不住，那么孩子在这个游戏会输掉，家长可以根据游戏所定下的规则，给孩子相应的“惩罚”，让他们明白，一旦接受陌生人的食物诱惑，就会“输掉”。

2．定期和孩子“实地演习”，给孩子一些小测试。

在确保孩子安全的情况下，家长可以适当地给孩子一些“实地演习”的机会，比如在小区的休憩空间中，在能观看到孩子反应的安全距离下，跟几位家长约定好，让别的家长充当“陌生人”角色，不时测试一下孩子的反应。让孩子通过反复的训练，将拒绝陌生人食物诱惑这一点做到“非条件反射”一般的本能，这样就能达到更好的防范效果。

小贴士：

除了别人刻意赠送的食品，家长还需要提醒孩子在饮用或者食用包装食品之前，要注意检查食物的外观包装有无破损。不少不法分子在软盒包装饮品中，利用针孔注入迷魂剂，从而达到拐骗的目的。因此，家长要教会孩子养成检查包装是否完好，然后再行食用的习惯。

☆告诉孩子远离故意搭讪的陌生人

［案例］康康读三年级，正在校门口等爸爸来接自己放学，可是等了很久，爸爸还没来。这时候一位叔叔经过，声称是爸爸的上司，孩子也在这所学校读书，见康康的爸爸还没来，就说送康康回家。

康康很单纯，对方说是爸爸的朋友，康康就相信他了，就上了那位叔叔的车。在车上，叔叔问了康康的家庭地址和相关信息，康康也十分信赖地告诉了叔叔。叔叔和康康聊开了，康康还跟叔叔说了自己的兴趣爱好，比如喜欢吃什么，玩什么，最爱到哪个书店买书之类的。叔叔没带他回家，而是领着康康到他最爱的地方吃比萨，买书。

爸爸赶到学校，找来找去找不到康康，打电话回家，妈妈说孩子没有回来。爸爸着急了，打听到康康被一位和自己年纪差不多的男人带走了。爸爸以为康康被拐骗了，立即报了警。妈妈也非常伤心，嚎哭了起来，身体支撑不住，竟晕倒了。整个家里炸开了锅，乱成一团。

就在傍晚时分，康康回来了，原来那位叔叔真的是爸爸的上司，可是这有惊无险的玩笑也未免开得太大了。康康这才意识到，原来自己随便跟别人走了，爸爸妈妈会这么担心。于是以后，康康只随爸爸妈妈和爷爷姥姥等自己熟悉的亲人回家，其他的陌生人他不理会，也不跟随，更加不会告诉别人自己的居住信息和家庭信息。

孩子自我保护意识薄弱，他们对成年人的坏心思摸不透，因此总是比较容易相信陌生人，告诉陌生人自己的信息，跟随陌生人离开，这样无疑让坏人有机可乘。所以我们应该在孩子还小的时候，就教给他们学会保护自己。

当然，并不是所有的陌生人都是怀有恶意的，所以让孩子知道什么样的行为应该被他们警惕更重要。父母在平时就应该对孩子讲解，什么样的行为是应该警惕、躲开的；也可以对这些话题进行讨论，让孩子自己去思考，加深理解。

下面就是几种常见的陌生人可能对孩子造成危险的行为，一定要细细说给孩子听。

1. 找孩子帮助自己。

歹徒有时候会请孩子帮助找自己丢失的宠物或者是小东西，热心的孩子很容易中招，然后被歹徒引到隐蔽的地方。所以要让孩子们知道，成年人没有理由非要找他们帮助自己，他们完全可以拒绝。

2. 用孩子喜欢的礼物或者零食引诱他们。

“我有好吃的糖你要不要吃？”“想不想看看我车上的小猫啊？”这些是常见的几种诱骗方式。

3. 假装孩子家中有紧急的事件发生，而自己是来接他们的。

4. 假装是别的小朋友的爸爸妈妈。

“就是你打了我儿子吧？你跟我过来，找你爸爸妈妈去！”这种话经常会使孩子产生恐惧，不会拒绝。

5. 假装成警察、爸爸妈妈的朋友等。

通过这些成人的身份对孩子造成压迫感，或者是试图赢得孩子的信任，这时候应该让孩子记得给爸爸妈妈打电话问清楚。

最后，别让孩子随便给不认识的人开门。当父母在家的时候，让爸爸妈妈来开门，如果是他们不在家，就别去应门，装作不知道就好。如果谁打来电话，孩子不认识的话，也不要说出自己一个人在家的事实。可以教他们这样说："我爸爸/妈妈这会儿有点事情，没法接电话，您不如留个信息吧，等他们有空我让他们给您回电话。"

小贴士：

我们身为孩子的父母，应该从小让孩子们知道，不应该随意接触、信任陌生人。对那些主动来靠近的陌生人，更应该加强警惕性。在自己一个人外出的时候，不要跟陌生人去什么地方。

☆天降"横财"不能贪，远离诈骗分子

[案例]刘伟是初二学生，成绩很好，不过比较单纯。一天他打完篮球，在路上走着，看到了一位阿姨和一位中年叔叔。他们正在路边商量着什么。刘伟好奇地凑过去，看到他们围着一包东西。阿姨和叔叔见刘伟过来，便告诉他，这是一包金银珠宝。阿姨还鬼鬼祟祟地拉开包包的拉链给刘伟看。果然，里面真的是"金银首饰"。

刘伟当时惊呆了，阿姨赶紧让他别出声，于是叔叔便拉着阿姨和刘伟说，"地上捡到宝，不如大家分了吧。"刘伟觉得这样做不是很好，说不如交给警察。阿姨说："别傻了，孩子！你爸妈一天到晚工作能赚几个钱啊？你看你，这球鞋，一看就是路摊货！要是我们分了这个，你能买名牌球鞋，还能帮补家里，这多好啊！"

单纯的刘伟听了他们的说法，觉得有道理。此时，叔叔提出说，现在三个人各不相识，由谁拿着这包首饰都不适合，刘伟是孩子，最单纯，不如让刘伟拿着，他们去打探买家。不过，以策万全，刘伟最好能交出点什么担保、抵押。刘伟是孩子，身上没什么值钱的，于是叔叔阿姨便鼓励他趁着爸妈上班，将家里一些现金首饰先拿出来，叔叔阿姨保管着。等他们找到买家，把首饰转手出去，一切就都好了。

刘伟听后觉得这主意很不错，便回家翻箱倒柜，取了几千块现金给阿姨和叔叔，自己提着一大包首饰，兴高采烈地回家了。

当然，这些首饰都是赝品。

这一代的孩子所面临的生活环境，似乎要比过去更加复杂。诈骗分子对孩子的欺骗手段层出不穷，明摆着的诱惑或者会让孩子有些警惕，不过，一旦不法分子玩弄一些手段，孩子就有可能上当。

因此，家长一定要及早对孩子进行各方面的防骗训练。

1. 通过事例讲述，向孩子灌输防骗知识。

一些不法分子诈骗手法并不高明，在我们成年人看来都比较简单，能一眼看穿，但是孩子毕竟是孩子，他们不晓得世界的复杂。因此，父母可以讲述相关的故事，让孩子了解到诈骗分子的常用手法，这样能帮助孩子提高防骗水平。

2. 将教育融入生活中，引导孩子学会“阅人”。

教孩子注意对那些接近自己的陌生人提高警惕，注意他们的言行。叮嘱孩子自己在外的时候，不要随意接受陌生人的搭讪。有的坏人用“求救”的方式吸引孩子的注意，比如称自己有一张一百元，正好没零钱，又急需零钱，问孩子能不能用身上的零钱和他兑换。

一定要告诉孩子，一旦出现这种情况，不可盲目同意，可以让他们去寻求成年人或者是警察的帮助。

小贴士：

为了诱骗孩子上当，不法分子往往会耍一些小花招。这些小花招，总是以引诱为主，主要是看准了人类贪心的天性。所以，为了避免孩子上当，一定要劝诫孩子不要“贪”，贪起来就容易钻进圈套。

☆孩子乘坐扶手电梯，有哪些事项要注意

［案例］小惠今年只有6岁，在她自己看来，已经快要上小学了，是个小大人了。一天，她和妈妈以及几个阿姨逛商场，商场里有一步大型的扶手电梯。小惠好玩，在妈妈和阿姨试用护肤品时，独自走到扶手电梯处，然后随着电梯上行。小惠将双手放到电梯的扶手上滑来滑去，觉得特别好玩。

不过，当她到达二层的时候，问题来了。原来下行的扶手电梯在很远的地方，小惠得绕个大圈才能乘坐呢。小惠脑子一转，便冲着上行的电梯往下跑。

小惠冲了几步便摔倒了，最后被扶手电梯夹伤了腿部。

我们知道，上行的扶手电梯会有上行的冲力，我们在上行电梯往下走，会受到很大的阻力。成年人在这种情况下尚且会站不稳，更何况只有六岁的小惠呢。

孩子乘坐扶手电梯，有很多的事项需要注意。扶手电梯有锯齿形的

台阶，人一旦摔在上面了，会很容易受伤。而且，家长让孩子自行乘坐扶手电梯本身就是一项很危险的做法，孩子很可能够不到扶手，或者不留意地上的黄色安全警示线……这些都会给孩子的人身安全带来危害。

因此，家长需要培养孩子乘坐扶手电梯的安全意识，教育孩子记牢乘坐扶手电梯的“八个不要”。

（1）不要一边乘坐扶手电梯，一边玩手机或者看书。

（2）不要单独乘坐扶梯，最好有家长的陪同。

（3）不要踩在黄色安全警示线以及两个梯级相连的部位，更不要在扶梯上跑或跳，以免摔倒或发生其他危险。

（4）不能将手、脚或头部伸出扶手设置外面，避免和楼层天花挡板或者相邻的扶梯发生撞击。

（5）不能蹲或者坐在扶梯的台阶上。

（6）不要将手提袋或者书包、背囊放在扶梯上。

（7）不要携带过大的物件，例如单车、滑板车等，如携带过大的物件，不要乘坐扶手电梯，最好选择升降电梯。

（8）不要逆行，不要攀爬，不要争先恐后。

小贴士：

对于乘扶手电梯，家长除了灌输安全意识之外，还要以身作则，因为不少成人在乘坐扶梯的时候，也经常出现不良的习惯；这样的话，潜移默化，孩子就会学习到不良的习惯。同时，还得注意给孩子挑选防滑性良好，安全性高的鞋子。

☆告诉孩子夜间尽量不要独自外出

［案例］一天晚上，只有八岁的小强由于嘴馋，想到附近的小卖部买东西吃，可是爸爸妈妈晚出未归。小强只好独自一个人走出了门。

小强家住的小区是新开发的，附近一带商业还不兴旺，小强起码要走路一公里才能到达有超市的地方，而且基础设施不完备，路灯都是亮一盏，关一盏的。小强走着走着，半路觉得害怕了，想往回跑，可是想了想，已经走了一半了，就这样回去不大甘心，于是他又闷着头往前走。

又走了几分钟，看到有一群大哥哥，样子不怎么友善，围在一起打扑克。小强经过的时候瞄了一眼，大哥哥不高兴了，大声吼了小强两句。年纪轻轻的小强很害怕，就一个劲地往前跑，跑着跑着，发现路也认不得了。小强很怕，站在路边哭，街上也没人。

哭了将近二十分钟，一辆车经过停了下来，小强一看，竟然是爸爸妈妈。爸爸妈妈一见小强一个人站在街上哭，十分担心。小强上车后说了自己一个人夜出的经过，心有余悸。爸爸妈妈听了之后，教育小强，晚间不要一个人夜出，遇到坏蛋就麻烦了。

确实，孩子晚间独自外出很危险，应该尽量避免。家长要跟孩子“约法三章”，告诉孩子如果因故不能按时回家，要让爸爸妈妈知道自己去哪里，跟谁一起要做些什么；叮嘱孩子在外面最好不要单独行动，尤其是女孩子。

要提醒孩子，自己出去的时候，不要贪图方便就随便走没人的近路，像比较黑的小巷子或者是已经荒废的地段，而应该挑选灯光亮、人也比较多的地段走；自小要教育孩子，别因为他人的邀请就搭陌生人的顺风车，在坐出租车的时候，可以让司机稍微等一下，等自己进屋之后再走。

孩子上晚自习，走夜路回家，要告诉他随身带一个能发出尖锐声音的报警器，比如口哨之类的，遇见有歹徒的话就大声吹，这可以一定程度上震慑歹徒，还能够达到求救的目的。

告诉孩子，夜行一定要随身携带照明的工具。如果有歹徒试图伤害自己，就用照明灯晃歹徒的眼睛，这样会造成歹徒暂时的失明，给自己营造一个逃生的机会。

最后，叮嘱孩子，就算是自己一个人晚上回家，也要保持着精神抖擞的样子，不要把害怕表现出来，这样常能避免被抢劫的可能。

小贴士：

除了告诫孩子尽量避免独自夜出，我们还要告诉孩子必要的取巧求助方法。当觉得自己被人跟踪的时候，不妨试走马路的另一边，看是不是的确被跟踪。如果这人仍然跟着自己，就尽快去人多的地方，不要去偏僻的小路。

☆告诉孩子，遇上抢劫不要跟坏人纠缠

［案例］晚自习后，小刘自己骑车回家。因为时间太晚了，路上都没什么人。小刘脑子里还思索着一道数学题，骑车速度很慢。她的书包就随意挂在车把上面。小刘拐进了一条小道，路灯坏了很

长一段时间都没有修，作为一个女孩子，小刘每晚走到这里心里都怕怕的。

突然，一辆摩托车快速驶来，拉扯着小刘的书包，小刘下意识地用手拉住包包，生怕被人抢走，可是对方不放手。小刘连人带车被拉倒了。小刘的膝盖和下巴都受伤了。

小刘独自走夜路遭到抢劫，类似的案例并非罕见。遭遇抢劫案，不仅会丢失身上的财物，安全也会遭到威胁。这种案件一般发生在偏僻的巷子里，多针对女性或者是老人、小孩，因为他们相对没什么反抗能力，方便坏人下手。

有些孩子因为要上晚自习之类的缘故，经常会很晚回家，有时候还是自己一个人，很容易会让劫匪盯上，所以父母应该注意这方面的安全教育。父母要告诉孩子，钱财不是最重要的，遇到不法分子千万要以人身安全为重，不可与歹徒硬碰硬。

很多时候，孩子之所以在遭遇抢劫的时候会和匪徒强争，是生怕东西被抢之后，被父母责怪。因此，家长要从小给孩子树立一个观念，那就是钱财乃身外之物，安全才是最重要的。所以不妨满足不法分子的要求，避免他们伤害自己。

有时候，使用一些小手段能够帮助自己巧妙脱身。晚上自己一个人回家的时候，如果发现身后有可疑行迹的人，可以到附近明亮的仍在营业的商店待着，或者是去周围有人的地方躲避。然后就给家里人打电话，让他们来接自己，避免了不法分子下手作案的可能。

小贴士：

父母要明确告诉孩子，遇到匪徒抢劫，无论对方是手持武器还是赤手空拳，首先都要保障自己的人身安全，不要和匪徒打斗。被抢后，不要独自追寻匪徒的逃跑路线，而应该向成人求助，并及时报警和通知父母。

☆告诉孩子应对交通意外的种种技巧

［案例］小威和爸爸妈妈出外郊游，途径一个崎岖路段的时候，突然有一只小狗从分岔路上跑了出来，爸爸紧急刹车回避，不小心和旁边的一辆小车碰擦上了。

这属于小型的交通意外，人员均无受伤，只是两车的车头稍微损坏了一些。这本来不碍事，可是爸爸妈妈看看小威，觉得忧心忡忡，从碰擦到后来他们下车处理问题，小威依旧坐在车上，一点危机意识都没有。爸爸妈妈觉得小威这样下去是不行的，虽然这是小事情，不要紧，可是现在车辆越来越多，交通事故频发，如果小威在遇到大型交通事故时也像现在这样稳坐泰山，压根没有逃生意识，这样问题就大了。

于是，爸爸从那天之后，给小威安排了不少与交通事故相关的安全教育课程。

确实，孩子是爸爸妈妈的心肝宝贝，但也是社会中的一员，他们和我们一样经常会乘坐小汽车、公交车等交通工具，从“以防万一”的角度出发，我们一定要从小教育孩子，做好防范措施，避免出现交通意外，而当发生交通事故的时候，要冷静思索逃生的办法，保证自己成功脱险。

具体来说，孩子应该怎么做呢？

1．一上车系好安全带，生命安全有保障。

车祸中出现次数最多的就是两车相撞的情况。在撞车中，由于惯性乘客可能会受到伤害，而最有效的避免方法就是系好安全带。安全带可以把人稳稳地跟座位绑在一起，这一点无疑大有好处。所以说，家长一定要教育孩子，一上车就要系好安全带。如果乘坐的是公交车，切忌只顾低头玩手机或者聊天，注意要扶好扶手。

2．遇上车祸导致撞击，不要乱移动身体。

如果发生交通意外，头部遭到撞击，就会出现脑震荡的可能，一般表现为昏迷、呕吐等症状；另外，身体其他部位也可能遭到重创。在此情形下，身体先不要随意移动，最好是在原地等待医护人员救援。

3．遇上翻车很危险，一定要护住头部。

当乘坐的车被撞翻，我们一定要告诫孩子，千万不要急着从车中跳出去，应该先等着车停下来，稳定之后再慢慢撤离，不要因为紧张而互相踩踏。在翻车的时候，一定要抓好周围固定的物体，像是座位、护栏等，不要让自己在车中碰撞，稳住之后就随着车翻转。因为有可能在翻车的时候被周围的东西磕碰，所以要蜷起身子，将头部护住，这样能够在一定程度上保护自己的头和重要的脏器不被伤害。

4．车辆一旦落水，第一时间击碎车窗。

乘坐的车辆落水，这种情况是比较紧急。尤其是当车在刚落水的瞬间，会跟水面发生碰撞，这时候产生的冲击力很可能使车内人员昏迷，在水中不能及时逃生。所以一旦落水，应该抓紧周围与车辆固定的物品，像是座位、扶手等，尽量避免受到太大的撞击伤害。如果水比较浅，车辆落水后还能够露出一部分，就在稳定后尽快地逃出去。但是有时候水比较深，整个车都会被淹没在水中，这时候因为水压很可能会让车门不能打开，就用车中预备好的安全锤之类的尖锐物品击碎车窗，之后尽快逃出。

5．车辆起火，火速撤出车辆。

有时，车辆相撞之后，很可能会起火。这种情况下，我们一定要教育孩子，要尽快撤出，不然可能会发生油箱爆炸，对车内人员造成伤害。如果车门这时候打不开了，可以用车里的尖锐物品把车窗户打碎，由此逃生。火势较大的时候，如果火烧到身上，就在地上一边滚一边脱掉自己的衣服。

小贴士：

交通事故逃生技巧的训练，是一个漫长的过程，家长不能指望通过一两次讲解，孩子就会明白得一清二楚。对此，家长不妨从新闻报道、案例分析的角度，通过事例给孩子渗透这方面的知识。

☆地铁上出现火情，孩子应该怎样逃生

［案例］2011年的广州，一辆列车在地下行驶的过程中出现意外。列车在正要关门离开小北站的时候，车厢里听到了气体排出的声音，紧接着就听到了爆炸的声响。车内的乘客无不慌乱起来，试图躲避。好在不到十分钟的时间内，工作人员就完成了疏散乘客和灭火的工作，并没有人受到伤害。最后人们在爆炸现场发现了一个

小煤气罐，这应该就是罪魁祸首，而这必然是人故意所为。

这一次人为的地铁上火情，在工作人员的紧急救援之下，没有产生更加不利的后果。但是这也为我们敲响了警钟。如果在地铁上出现火情，应该如何应对呢？现在孩子不由家长跟随而出门的概率很高，父母应当让孩子知道用什么方法能帮助他们在火灾中紧急自救。

1. 告诉孩子，一旦发现地铁火灾，首先要及时报警。

车厢相接的地方都会有一个贴着“报警按钮”标志的紧急按钮，在遇见火情的时候，乘客可将其扳到上面，就能够使司机及车内工作人员知道，以便早些采取措施。如果有意外不能按动按钮，也可以拨打报警电话119。

2. 教育孩子，如果火势不大，车内乘客不多，可以自行灭火自救。

车厢中配备有干粉灭火器，乘客可以拿这个进行扑火。将扳手转大约90度，就能打开装有灭火器的装置。当然，我们应当让孩子掌握使用灭火器的相关常识。灭火器上有保险，需要先将保险销拉开，再将灭火器对着着火地点，压下灭火器的手柄部分，就能喷出干粉灭火。如果车内有成年乘客，孩子应该勇敢地鼓励成人去灭火，自己不要逞英雄，因为毕竟是小孩子。

3. 有的时候，火势太大，只依靠灭火器显然不能将火灭掉，这种情况下最先保证的应该是自己的安全。

尤其是孩子，在车厢中更有可能因为拥挤而跌倒。在进行疏散的时候，孩子应予以先行疏散，乘客也应该遵循老弱妇孺先离开的原则。如果最后火势仍然控制不住，就应该把车厢门关上，暂时阻止火势蔓延，为乘客的逃离创造时间。从一站行驶到下一站，一般需要两分钟左右，所以应该来得及。

4．当列车终于到达车站，一定要听从工作人员的指挥，向正确的方向逃生。

叮嘱孩子不要因为慌乱就到处乱跑，那很容易出现问题。火灾还有可能造成停电，这时候一片漆黑，但是不要害怕，因为应急灯会指示大家该向什么地方逃离。千万不要因为一时慌乱跑到离火灾发生地点更近的地方，而要跑向远离火灾的逃生口。

同时，要教育孩子在火灾现场逃生的时候，应该尽量放低身子，最好是弯着腰。这时候千万不要深呼吸，用湿润的布捂住自己的口鼻最好，这样能够避免着火产生的烟雾被吸进呼吸道中。一旦抵达安全的地方就可以了，比如地面、避难间、安全区等。

父母应该让自己的孩子知道应该注意的，知道什么是不可以做的。在发生火灾的时候，不要因为在意自己带了什么贵重东西而耽误逃生。着火时千万不要慌乱，如果因此发生拥挤或者是冲撞，很可能会造成不必要的伤害。应该听工作人员的话或者是广播上的指示，向着背离火源的明亮方向逃生。最后，遇见身上着火的情况，就不要再奔跑了，不然火势会更大；不妨先停下来，在地上滚几圈，等火熄灭后再跑。

小贴士：

在平时的生活中，家长应该让孩子了解更多关于火灾的常识，尽管遇到这些危险的可能性很小，但是总要防患于未然。知道的多一点，遇到危险才能多一点求生的方法。爸爸妈妈千万不要对此忽视。

☆教育孩子千万不要接受陌生人的“善意”

［案例］美美和小欣今年4岁了，在上幼儿园。一天下课后，两个小伙伴像平时那样，在小区楼下的小公园玩。看到妈妈们都在旁边的凉亭说话，美美和小欣便跑到凉亭后面的滑梯那里玩。突然，一个戴着眼镜的叔叔走了过来。叔叔看上去很友善，也好像很喜欢小朋友。美美和欣欣以为叔叔和她们一样，是小区的住户呢，就给叔叔挥挥手，打了招呼，便继续玩了。

叔叔蹲下来，找美美说话了。

叔叔说：“小朋友，你好。你叫什么名字啊？我是刚搬过来的，我们家也有个小孩子呢，你们做朋友好不好？”美美最喜欢玩了，听到叔叔会带来新的小伙伴，美美很是高兴，就跟叔叔说：“好，好！我叫美美。”

这时候，叔叔从口袋里掏出一块糖果，跟美美说：“美美你看，这是最好吃的水果糖了，你喜欢吗？叔叔送给你吃啊。”美美舔舔手指，犹豫了，嘟着嘴看着叔叔。美美想起妈妈的话，不可以随便吃陌生人的东西。可是水果糖又好好吃，而且这个叔叔看上去可友善了，笑起来有个酒窝；他衣着又干净，整洁，根本不像坏人嘛。

美美便伸手接过叔叔的水果糖，可是怎么只有一个呢？小欣可是自己的小伙伴，好朋友啊，小欣没有怎么办？美美回头看看小欣，小欣一直没有出声，于是美美便想为小伙伴要水果糖，摊开手问叔叔："叔叔还有吗？"

叔叔不好意思地摸摸后脑勺说："哟，不好意思哦，美美。叔叔就只有一个水果糖在身上，不过家里有很多呢，要不你们跟我回家拿去？除了水果糖，还有西瓜、旺仔牛奶，很多很多呢。"

美美听到这么多好吃的，可欢喜了，扭头想找小欣一起去，可是小欣不见了，美美着急地喊了几声。不过半分钟，小欣拉着妈妈和美美的妈妈一起跑过来了，这怎么回事呢？美美指指身后，想告诉妈妈，有个叔叔给糖果吃，可是回头一看，叔叔不见了。

妈妈着急地跟美美说："宝贝儿，妈妈不是跟你说了吗，陌生人给的东西不能吃，更不能跟他们走啊，你不记得呀？我的宝贝。"

听了妈妈的话，美美才意识到，原来这些陌生叔叔很可能是骗子，当时幸好小欣机灵，没有听叔叔的。看到那个叔叔想带美美"回家"，小欣便赶紧借机跑去凉亭找来了妈妈们。

美美和小欣的故事，很是惊险，要不是小欣机灵，美美和小欣很可能就随这位斯文的叔叔去了。而像美美和小欣这样的经历，几乎每天都在上演。作为家长，我们不能保证孩子永远不离开我们的视线，那么，我们就要让孩子有一个特殊的能力，以策万全。所谓特殊的能力，就是"不接受陌生人的善意"。

我们要让孩子知道，不接受陌生人的善意，就能够很好地防止诱拐，防止受伤害。告诉我们亲爱的孩子：其实啊，在这个世界上，坏人不是都长得坏，有的坏人长得特别像好人，可就是心地不好。他们会假意对你好，给你零食，说送你回家，甚至说带你去玩好玩的玩具，因为他们想要得到你的信任！

坏人如果带着坏人的模样，孩子还是懂得分辨的，不过，现实生活中，坏人可不会把“我是坏人”的形象展示出来，越是坏人，他们可能看起来越友善。比如诱拐儿童的骗子，他们往往是和蔼可亲的叔叔、阿姨，拿出了亲切关怀孩子的形象。面对这样的人，孩子如何鉴定他们是坏人呢？或者说，孩子们怎么“看穿”这些坏叔叔呢？这就需要家长的教导了。

1. 教会孩子不要接受陌生叔叔给的好处。

告诉孩子一定要忍住嘴馋和贪玩，如果陌生叔叔说给你糖果，你可以直接跟他说：“爸爸妈妈说，陌生人给的东西不能吃。”如果陌生叔叔说带你去玩，你可以说：“我不能跟陌生人去玩。”这样说，就等于你告诉了这些陌生叔叔，你是有警惕性的，不好蒙骗，而且也会让自己远离危险。

2. 教会孩子向他人求助。

告诉孩子：如果在你拒绝了陌生叔叔的好意之后，他还是继续缠着你，那么你可以看看他的神情。如果陌生叔叔一直嬉皮笑脸，摆出很友善的样子，而你又不想继续和他说话，你可以撒一个小谎，跟他说有个小伙伴还在身后，你想叫上小伙伴再一起跟他去吃东西。然后趁机跑到附近的商店或者人群中，跟大人说，那个陌生叔叔你不认识，他想带走你。这样，大人们就会保护你的。

3. 必要时大声呼救。

如果在你拒绝了叔叔的好意之后，叔叔变脸了，硬要把你带走，你一定要勇敢地大声求助，大喊救命，大声告诉身边的人，他不是你的亲人，你不认识他，他想把你带走。这样，大人就会施以援手，帮助你。千万不能因为害怕，不敢出声，如果那样的话，街上的路人就会以为这个坏叔叔是你的亲人，这样你就可能更危险了。

4. 结伴同行，走人多的大道。

家长让孩子明白，平时上学放学的时候，最好不要自己一个人走，要找上两三个小伙伴，结伴同行。而且要选择人多的街道来走，千万不要随便抄小道或者走一些没什么人经过的道路，这些道路都是坏叔叔们埋伏的黑点，因为来往的人少了，你一旦遇到危险，就很难向旁人求助，所以“结伴同行，走人多的大道”是避开陌生叔叔的好办法。

小贴士：

我们必须要让孩子树立自己的底线，那就是：无论对方是好是坏，起码不要接受别人平白无故的善意和诱惑，不随便吃别人给的东西，不随意接受别人的礼物。这样，才能树立起安全警戒线。

☆孩子需要尊重，让孩子学会说“不”

“孩子最容易被别人伤害侵犯，因为成人让他们怎么做，他们就会跟着怎么做。”一个家长这么说。这是很多家长的担忧，这就是我们为什么要尽早教会孩子们学会保护自己的原因，让坏人没有可乘之机。

父母在孩子多大的时候就可以教育他们关于安全方面的知识呢？从三岁开始。这并不早，也不用担心孩子是不是能理解。只要是家长用孩子的方式对他进行教育，重复几次，孩子总会记住的。

家长要注意，平时不应该让孩子们去做自己不喜欢的事情，比如强迫他们抱抱别人或者是亲亲长辈等。常常有大人告诉孩子：“去亲亲你小姨。”如果孩子表示拒绝，爸爸妈妈就会用“快，不然小姨就不喜欢你了”来强迫他们。这样做，在孩子的心中就会留下这样的印象：大人说了的话自己就要听，不这样他们就会不喜欢自己，自己就不是好孩子了。为了迎合家长，孩子们可能会强迫自己做一些原本不愿意做的事情，在这样的习惯教育之下，坏人让孩子做什么的时候，他们可能也会盲目听从而不会拒绝。

有句话叫做“知己知彼，百战百胜”，我们可以探究一下坏人的心理是什么样的。想要让孩子学会拒绝反抗坏人，就要让他们知道坏人想做什么。

一般坏人都会在行动的时候让孩子安静下来，要孩子保持沉默。然后，他要让孩子能听他的话，遵守他的命令。他会在很快的时间内做坏事，并且避免别人的注意。最后，坏人选择的目标一般是那些不太会保护自己的孩子。

对此，我们需要反复告诉孩子，当他们在遇到别人接触自己时，如果感觉不喜欢或者不舒服，都要学会拒绝，大声说“不”，这是他们的权利。要是有人威胁孩子，说什么不听话就是坏孩子之类的，也不要去相信。不论是什么事情，孩子都是没有错的。孩子可以把自己的任何事告诉家长。

坏人永远不会说自己是坏人，我们也不能从外表上就看出他们的好坏，就算我们的熟人甚至是亲朋好友也是这样。在心中，我们自然是希望大家都是好人的，尤其是自己身边认识的人。但是事实并不如人所愿，调查表明，侵犯孩子的往往就是身边的熟人。那是不是我们就束手无策了呢？

有的时候如果我们注意观察，还是能看到一些蛛丝马迹的。比如有的人是恋童癖，对孩子图谋不轨，他们喜欢跟孩子待在一起，用像是摔跤这样的方式先跟孩子们进行一些身体上的接触，这样孩子或者家长渐渐就会放松自己的警惕性。当然，这并不是说每一个喜欢跟孩子摔跤的人都是怀有不轨之心的。只是喜欢和孩子玩的人，摔跤一会儿之后就会转移注意力和孩子玩别的了，这样两人就不再有身体上的亲密接触。但是坏人不同，他们会让孩子一直跟自己接触，就算是孩子明确地表示自己不喜欢这样，他们还是会强迫孩子再跟自己接触，比如让孩子坐在自己腿上，玩孩子的头发或者摸孩子的脸和背。

家长务必要相信孩子说的，并且向孩子说明，这些事情都不是孩子做错了，能说出真相就表明孩子很勇敢，他们做得很对。要是遇到了这样的事情，千万避免孩子跟嫌疑人当面进行对峙，这可能会给孩子造成心理压力和阴影。

小贴士：

如果想要让孩子具备识别坏人、拒绝坏人的能力，爸爸妈妈的身体力行是不能少的。在平时，家长们要注意积累素材，时刻留意社会上最新的，关于孩子安全的各种骗术和伎俩，然后和孩子多多进行实地演示。也就是说，家长一定要多进行角色扮演，让孩子设身处地的尝试和不同的“坏人”接触。

☆及早让孩子学会分辨对错和好坏

“害人之心不可有，防人之心不可无”，这是我们处事的一个准则。对孩子来说，也许一个生动的小故事会更好地帮助他锻炼自己辨别是非的能力。无论如何，我们需要从小让他们明白是非与好坏。

在很多大人的心里，当孩子才只有几个月的时候，他们就是娇娇小小什么都不懂的“小傻瓜”，但是其实不是这样的！有研究证明了这些尚不能与大人顺利交流的小家伙在自己的世界里拥有十分神奇的能力，而大人反而不具备。研究证明，半岁大的孩子就能分辨是非，他们不仅知道什么是好的、什么是坏的，还十分“乐于助人”。

［案例］某杂志上刊登了来自耶鲁大学的一项研究成果。研究的主要负责人基利·哈姆林就表示，人类还拥有别的社会性的动物都拥有的一个共同特质，就是能够自己决定跟哪个成员进行合作。所以，能够正确地在需要选择的时候找到哪个是能够合作的对象，对于人类是很重要的事情。大家都知道成人肯定是能做到的，那么人类是从自己的哪个年龄段开始产生这种能力呢？哈姆林就是带着这样的疑问，研究起了婴儿能否分辨“好坏”的课题。

由此，哈姆林与同伴进行一系列实验。他们准备了一个有拟人效果的表演，让三个不同形状的木块分别担任“想要登山的人”“帮助他的好人”以及“阻拦他的坏人”。其中“好人”会帮助“登山的人”攀爬，而“坏人”会把他推下去。观看这一表演的对象就是两组婴儿，分别是6个月大和10个月大。

在观看“表演”之后，研究者们将扮演“好人”与“坏人”的木块放在一起让孩子们选择。结果非常神奇，在10个月大的孩子中，16个婴儿有14个都选择了“好人”，6个月大的孩子更是全部将自己的选择投给了“好人”。实验证实了，婴儿们都倾向于喜爱那些能够“乐于助人”的家伙。

也许实验中我们不能看出宝宝们更喜欢“好人”的这种行为是否天生，但是我们确定这是成人不能教给宝宝们的。哈姆林认为，“这也许是孩子们从出生就具有的”。

在哈姆林跟其他研究者的心中，孩子们能够区分谁是“帮助者”，谁是“阻碍者”，就是在开始形成自己的道德观。当然，她也表示“这仅仅是猜测罢了”，不过可以认同的是，道德体系的形成基础就是能分清什么是亲社会行为，什么是反社会行为。

通过上述的实验讲解，相信家长们可以从中窥探出一二。孩子体内天然地存在着对“好人”亲近的倾向，因此，我们可以利用孩子这种倾向，对幼小的孩子进行安全教育，避免孩子的人身受到伤害。

首先，父母二人可以通过“伪装”，扮演“好人”与“坏人”，演绎不同的场景，让孩子学会分辨。

例如：爸爸扮演“坏人”的话，可以针对孩子放学后，单独走在路上的情境，给孩子“献殷勤”，送孩子糖果，然后扮演“好人”的妈妈，针对这个场景，告诉孩子，陌生人给的糖果不能吃，陌生人说送你回家你不能信，因为“无事献殷勤”的陌生人很可能是坏人……通过设定的场景和人物，教会孩子在不同的场合分辨好人和坏人的能力。

其次，也是最重要的，就是更进一步地教会孩子分辨伪装成“好人”的坏人。

我们都知道，很多对孩子进行伤害的都是“好人”，他们可能是很和蔼可亲的阿姨，也可能是文质彬彬的叔叔，总是一副好人的形象。在这种情况下，单纯的孩子很容易受骗，因此，爸爸妈妈最重要的是教会孩子分辨“真正的善意”。所谓真正的善意，就是不求回报的善意，比如迷路的时候，他们会教孩子到附近的商店打电话求助，或者打119报警求助；不要过分相信说可以带你回家的陌生人。

大多数时间，大人们往往过于关注孩子们的文化水平如何，但对他们的道德思想教育却不太关注。仅仅有着丰富的知识是不够的，还要让孩子能分清楚事物的对错好坏。那么，大家们需要怎么做呢？

1．以身作则，言传身教。

父母在对待一件事物的态度和处理方法往往会极大地影响到孩子，所以平时家长们也要约束自己，为孩子们做一个好的榜样。

2．循循善诱，引导孩子。

有的道理说出来感觉太过枯燥，孩子们在理解与认识上都会欠缺。倒不如用一个来自于书上、生活中、媒体上的小故事，帮助引发孩子自己的见解，慢慢引导，一边补充一边将错误的观念纠正。

3．在实践中进行教育。

仅仅是教导并不能真正地培养孩子们如何去辨别是非，可以鼓励孩子多参与集体的小活动，通过自己的亲身感知让他去体会什么是好的、什么是坏的，明白这些给自己还有团体带来什么不同影响。

父母一定要善用这三种方式，在生活中引导孩子，在潜移默化中让他们理解并培养起明辨是非的能力。以后他们才会在生活中仔细地观察，有自己的思考与理解，能够明白是非对错。

对孩子的安全教育，就要在生活中进行潜移默化才能让孩子真正意识到。让孩子自己产生保护自己的意识并不是可以一蹴而就的，需要父母的引导和耐心。没有父母希望自己孩子陷入到危险之中，那就应该多让孩子了解一些安全知识，才会把危险扼杀在萌芽中。

父母教育孩子就要以让孩子自己建立正确的道德标准为目标。父母们一定要记得，帮助自己的孩子早日明白是与非，这将会是你们能送给他们的一份重要礼物。

小贴士：

要培育孩子分辨好人和坏人的能力，我们首先要信任孩子，鼓励孩子做出自己的判断，并且不时对孩子进行察言观色的训练。比如，乘坐地铁或者公交车的时候，我们可以教孩子相人，告诉孩子什么样的人大概从事什么职业，性格可以从哪些方面渗透出来。这些刚开始会有点难，但是孩子能从小积累出相人的技巧，绝非坏事。

☆时刻叮嘱孩子，出门一定要事事小心

当孩子到达一定的年纪，在学校中待的时间会比在家还长。校园跟社会比起来当然单纯得多，孩子们也单纯。太过单纯，就不会分辨好坏，有时候极容易被欺骗。孩子们出门的时候应该先熟悉好环境，然后大家一起行动，在比较安全的地方走。在外面不要跟不认识的人随便说

话，不要随便吃别人给的东西。

最常见的坏人诱骗孩子的手段，就是请孩子帮忙。孩子们大多都乐于助人，家长应该多注意，求助的人可能会给孩子带来伤害。小孩子自己在路上走的时候，诱骗孩子的坏人可能会开车装作问路，等孩子走近了就立刻把孩子拽到车中离开。也有的人骗孩子说让他帮忙找自己的宠物，孩子没发现有危险，就会跟着坏人走到偏僻的树丛，进而走出了大人的视线或者是离开了人多的公共场所。

有这样一个场景：

［案例］一位警察模样的人跟小店的小女孩说，因为这里经常有顺手牵羊的小偷，虽然不一定是她，但是她需要配合自己回去做一下侦讯。小女孩就这样听话地跟警察叔叔走了。这位小女孩还不知道，这位警察叔叔是坏人假扮的。

还有一个场景：

［案例］一个男孩子被陌生人拦住，他要带男孩子去医院，因为男孩子家里人有意外。男孩子见他知道自己的名字，还说是爸爸的朋友，就轻易地相信了。其实孩子的书包上就有自己的名字，很容易被人发现。男孩心里十分忐忑，根本就没想这个陌生人可能是在骗自己，也没想过意外到底是不是真的。

那么我们应该怎样让孩子学会避免别人欺骗自己呢？既要让孩子能够谨慎地思索别人为什么这么做，又不能让孩子从此失去对他人的信任，这有可能吗？

事实上这是可能的。家长可以就避免性侵、诱骗等方面对孩子进行教育。不过，这些坏人对孩子的行为动机只要家长自己知道就行了，最好不要让孩子知道，至少是在他们还没进入青春期的时候。当然，要是有机会能够跟孩子一起讨论，把一些事情说清楚，会对孩子产生一些很好的影响。

诱骗拐卖孩子的人经常寻求的下手对象是没有大人陪着的孩子，或者是人多的公共场合只有自己一个人的孩子。所以，如果自己的孩子不会一个人去这些地方，或者是家长不允许孩子在没有家人陪着的时候出门，被坏人盯上的可能就比较小了，这时候就不用急着给孩子普及这方面的知识。

还有的人利用自己的职务和自己在孩子心中的威慑力，让孩子被强迫接受侵犯。他们花言巧语，让孩子误以为自己的行为是合理的，进而操控孩子。所以家长们应该多想一些，把性侵犯们可能有的表现都告诉自己的孩子，让孩子们学会提防。最好是将这些场景与孩子演一演，让孩子熟悉并记住怎样远离危险。

小贴士：

诱拐孩子，是天底下最让家长咬牙切齿的恨事。可是，家长往往没有让孩子树立起小心骗子的防范意识。所以说，要孩子安全成长，与其花时间去怨恨不法分子，不如从我们自己做起，努力狠抓一下孩子的安全意识教育。

第五章 给孩子坚定的意志，对抗网络上的不良“荼毒”

☆引导孩子，告别“网络依赖症”

［案例］小辉是一名初三的学生，由于学校要求初三应考学生需要在校住宿，家长为他准备了手机。有了手机之后，小辉的习惯发生了很大的改变。

以往，小辉遇到学习上不懂的难题，都会到图书馆翻阅资料，向老师提问，有时会和几个同学一起讨论，解决自己不了解的问题。不过，有了手机之后，小辉发现通过智能手机，他能上网，通过搜索引擎，搜索答案。这本来并非坏事，可是小辉渐渐地过于依赖网络了。每当遇到不懂的问题，他觉得与其花时间和同学讨论，向老师求教，不如依赖网络解决。

久而久之，什么问题都先上网络搜索答案。这样，他只是得到答案，而不理解这个答案是怎么来的，虽然表面上能很好地回答问题，但是到了考试时刻，没有了手机和网络，小辉的作战能力就急速下降了，成绩下滑，使老师和家长都十分忧心。

现在，随着智能手机越来越普及化，很多青少年都对手机和网络形成了依赖。很多问题和难题，可以通过搜索引擎获取答案，一旦孩子染上了依赖网络寻找答案的依赖症，对于学习和生活会造成很大的影响。所以他们对网络的运用，需要家长的提点和引导，引导他们善用网络，而不是滥用网络。

1．以身作则，告诉孩子网络不过是“锦上添花”，而非“无所不能”。

生活中，家长也会遇到不少难题，比如妈妈做饭的时候，研究不同菜式之间的搭配，爸爸工作上遇到了难以解决的难题，这时可能就会习惯性地打开电脑，搜索答案。这样固然很快捷，但是却为孩子树立了不良的榜样，容易误导孩子，让孩子以为网络“无所不能”，遇到不懂的知识，就可以到网络上寻找答案，这样容易滋长孩子对网络的依赖性。

2．和孩子一起找寻答案，不要把责任抛给“网络”。

有的时候，孩子做功课时遇到疑难问题，就向家长请教，而家长可能无时间解答，也可能不懂得如何去解答，于是就让孩子自己去网络上寻找答案，并声称这也是探索发现的过程。其实，在网络上找答案怎么能说是一个探索过程呢？明明对别人所给的答案“信手拈来”，这就容易使孩子疏于求知，养成惰性。

因此，当孩子遇到不懂的问题而求教家长时，家长最明智的做法是，哪怕清楚问题的解答方式，也要带领孩子查阅资料。这样，将更有利于孩子端正对网络运用的科学观念，有利孩子的健康成长及学习生活。

小贴士：

对待儿童的网络依赖症，家长要有充分的认识，要有以身作则的意识。况且经常使用电脑、手机，对孩子的眼睛发育会有不良影响，所以要避免孩子长时间使用电脑和手机，同时也要有意识地调节适合孩子的屏幕亮度，避免诱发近视或假性近视。

☆别让孩子随便在网络上泄露个人信息

对于孩子们来说，网络世界就好像是一个万花筒，他们都希望能通过网络来获取更多的知识，认识更多的朋友。但是网络有利也有弊，一方面，网络能够给孩子们带来不一样的精彩；另一方面，网络也对孩子们的健康成长造成一定的危害。作为孩子的父母应该怎么办呢？如何让孩子懂得在网络中好好地保护自己，达到安全上网这个目的呢？

［案例］黄翔（化名）是一名高一的学生，其父母都忙于工作，很少待在家里。“因为有了网络这个平台，我结交了很多朋友，我们可以畅所欲言，可以一起玩游戏，非常开心。假如没有了网络，那我的生活就会如同一潭死水，不起任何波澜。”

一位专家说，现在的社会，有很多像黄翔一样的中学生，由于在现实的世界里得不到足够的关怀，就会通过网络这个平台去寻找一些满足感。由于他们还是学生，还很单纯，所以他们并没有太多的防备之心。

据媒体调查显示：有16% 的青少年会在很短的时间内就信任上一个陌生人，并且把自己的全部信息告知这个“朋友”。大约40%的青少年说愿意在网络上晒自己的真实相片，而且在他们看来这是再正常不过的一件事。

最近几年，因为网络而引发的犯罪行为不断出现，连成年人都经常被骗，更何况是涉世未深的孩子呢？

心理专家称，家长不单要控制孩子的上网时间，还应该为孩子创造一个现实的社交环境，让孩子不再把全部的注意力都放在网络上。“因为生活缺少朋友而显得枯燥无味，加上现实的社交活动又少得可怜，孩子只能是通过网络来实现自己的需求。”父母在与孩子应该多多交流，多跟孩子做一些有意义的事情，或者是给孩子介绍更多的同龄伙伴，让他们一起携手健康成长。孩子在现实生活中得到了社交满足，那他们就不会沉溺网络了。

家长应该告诉孩子，在上网时有的事能做，有的事不能做。有些行为规则，一定要让孩子记牢。我们要引导孩子明确一天的上网时间为多少才是最合适的，认真思考在网上能够做哪些事情和不能做哪些事情。孩子与父母应该建立一个上网条约，并把条约贴在电脑桌显眼的地方。

此外，家长还要让孩子记住哪些问题呢？

1．让孩子记住，及时关闭不健康网页。

告诉孩子，假如不经意在网上浏览到一些令人感到不好的东西时，应该以最快的速度把这个网页关闭，并及时告知你的父母或老师。除非你得到父母的首肯，不然你不要在电子邮件里附上你的真实相片发给你的朋友。假如你发现你的邮箱里有一些恶意的、带有骚扰性质和威胁性的邮件，不用管它，立刻告知父母和老师等其他成年人。

2．让孩子谨记，不要把自己的银行卡号码说出去。

遇到一些陌生人发来的邮件或文件不要打开，因为不知道在邮件或文件里面到底有什么东西，而这些东西随时可以攻击你的电脑。如果得不到父母的同意，千万不能面见网友，假如你的确很想认识并与网友见面，那你应该邀请父母或其他的监护人陪同前往。

3．让孩子明白，假如有人想了解你的信息时，一定不要随意泄露。

我们要知道网络上什么人都有，在虚拟的世界里，很多东西都是不真实的。要记住，不要在网络上做一些不好的事情。假如有人想送东西给你，你要打起十二分精神，因为此时的你并不了解他有什么目的，你不要接受免费的馈赠，并应立刻告诉爸爸妈妈。

小贴士：

对于网络个人信息的泄露问题，近年，家长要特别留心“手机注册”和“实名制注册”，由于智能手机的使用越来越普及，越来越多网站采用手机注册和手机号登录的模式，家长对此要留心，告诉孩子如何分辨不同的网站，并且注意保护隐私和个人信息十分重要。

☆告诉孩子，结交网友一定要慎重

现在很多孩子都是独生子女，当他们有心事，想和别人倾诉的时候，往往借助各种聊天软件和网站论坛，这样他们能轻而易举地结识到不同的网友。不过，问题随之也就来了。网络世界终究是虚拟的，各种数据信息不一定真实，孩子心智未成熟，容易被表象所蒙骗，这样，容易使孩子的健康发展出现问题。

[案例] 意纯今年12岁，正在读小学六年班，家中爸爸妈妈都忙于工作，平时回家只有爷爷奶奶，年纪大了，和意纯难免有代沟。

意纯因为学习很好，晚上只需一个多小时就能完成作业。完成了作业，在家百无聊赖，意纯会上网。早在两三年前，她已经开设了自己的个人QQ，透过QQ和不同地方的同龄人交流。近来微博很流行，意纯忍不住也开了一个微博。意纯加了一位声称是北京某重点中学的姐姐，二人在微博上互动频繁，经常私信。

可是慢慢地，爸爸妈妈发现意纯变了，原来是那位姐姐总在微博上散播一些灰暗、悲观的思想，意纯和她沟通多了，性格也开始变得阴暗起来。以前总能体谅爸爸妈妈工作忙碌，现在却患上了青春期孤独症，觉得父母都不爱自己。

幸好爸爸妈妈发现得及时，及时纠正了意纯的不良思维，才让意纯回归到乐观上进的道路上。

网友，从某种意义上说，就正如孩子身边的朋友一样，孩子投身网络世界中，会接触到性格、价值观各不相同的朋友。我们经常说“近朱者赤，近墨者黑”，如果孩子选择网友不当，就容易受到不良影响。因此，家长一定要引导孩子结交网友的方法，教导孩子，让孩子明白该如何去判断网友的“好坏”，或“合适程度”。

1. 交友首先要看“品行”。

其实，网友和身边中实在的朋友一样，所谓“三句现真章”，我们要教导孩子从网友的语言中判断这个网友的品行如何。比如，有的男孩网友比较粗鲁，张口闭口都是粗言秽语的，那么我们可以建议孩子不要和这样的网友结交。

2. 看看网友的个性是否与自己合得来。

很多时候，两人聊得来不代表该网友就适合孩子，就像案例中意纯的经历一样，如果交了一个思维过于灰暗的网友，不见得是好事。因为孩子和成年人不同，成年人有自己的原则、立场，当我们和不同的人交往交流的时候，我们可以对这个人的思想做出判断，懂得取其精华去其糟粕，可是孩子就像一张白纸，不能明辨。如果孩子和积极乐观的人交流多了，孩子的思想容易乐观起来，相反，如果孩子总是和愤世嫉俗的人交流，孩子的思想也会渐渐发生不好的变化。因此，我们要教会孩子，从网友的言论中，判断一个人的思想倾向，尽量选择乐观的、阳光的网友。

3. 最好选择能互补长短，相互学习的网友。

网友有很多种，找到能指引自己，或者与自己互补长短的网友，是比较有好处的。比如，如果孩子文科不佳，在下课回家后，不容易找到别人指导的话，引导孩子结交一个相关领域能力比较突出的长辈网友，甚至同龄网友，其实是一件好事。要达到这样的目的，家长可以陪同孩子到相关的论坛和网站上进行筛选。让孩子和别人多交流学习，从网友身上学习一些长处，这就能更好地帮助孩子自我提升。

小贴士：

面对孩子的网络世界朋友圈，家长一定要时刻关注，了解孩子的思想、意识。最好的办法是，家长本身也在网络中和孩子交友，添加孩子的微博、微信等，这样既能帮助家长从另一个角度了解孩子，也好进一步了解他对网友们的选择，及时作出适当的调整和教育。

☆教会孩子文明发帖，不乱发，不违规

［案例］小俊是初中生，一天下课，他见到一家酒吧门前围着一群人。他爱看热闹，凑上去，朦朦胧胧了解到一员工在酒吧工作期间出现非正常受伤事件，受伤员工的家属过来讨说法。年纪轻轻的小俊听到周围的人是这么说的，便认为真有其事，情绪十分激动，于是一回到家，就打开电脑，发布了为伤者讨公道的帖子。帖子中他还提出了自己的猜想，认为是酒吧找黑帮帮忙，才打伤员工

的。他并没有找伤者以及伤者家属核实，就发出去了。他还在帖子上发表游行、抗议等言论。

结果，看到小俊帖子的人纷纷转发，很快超过了500条，引起了公安机关的注意。公安机会一查实，却发现小俊为之义愤填膺的受伤员工……，确实在上班时间受伤，不过通过监控发现，他受伤的原因并非如小俊而言，而是自己在推销酒类的时候，和客人发生了争执，不存在酒吧和黑帮勾结之类的事情，更不存在公安机关放任黑帮打斗的事。

小俊随意发的帖，一时间评论飙升，影响极坏，公安机关将小俊带回公安局，对其进行了思想教育。这次经历给了小俊深刻的教训。

其实，孩子在网络上常常不注意言论。碍于年纪所限，他们对社会，对法律体制的规范还不是非常清楚。因此，家长要认真地给孩子上上课，跟孩子好好地讲讲网络发言的各种规则，以免孩子在冲浪的网络世界中“祸从口出”。

首先，给孩子讲讲有关网络规范的法律法规，不要发布违法乱纪的信息。所谓违法乱纪的信息，主要是指传播了《中华人民共和国宪法》和《全国人大常委会关于维护互联网安全的决定》《互联网信息服务管理办法》所明文禁止的不能够传播的消息。《互联网信息服务管理办法》所禁止的主要信息有：反对宪法所确定的基本原则的；危害国家安全，泄露国家秘密，颠覆国家政权，破坏国家统一的；损害国家荣誉和利益的；煽动民族仇恨、民族歧视，破坏民族团结的；散布谣言，扰乱社会秩序，破坏社会稳定的；散布淫秽、色情、赌博、暴力、凶杀、恐怖或者教唆犯罪的……总之，就是危害国家、社会、他人等的信息都是不允许传播的。

我们要教育孩子，当今社会是一个开放的社会，但并不代表什么都可以做。我们一定要让孩子树立起自己的原则，有自己的底线。同样道理，我们在网络发表东西时也要遵守规章制度和道德。

总而言之，网上不能发布的内容主要分三类：一是政治敏感类；二是淫秽色情类；三是非法广告类。

政治敏感类：很多孩子对于什么是政治敏感类的帖子，其理解仅限于一些反政府的言论，其实这是不全面的。那么还有哪些注意的政治类帖子呢？言论涉及国家领导人的，如含沙射影地谩骂、诋毁国家领导人的笑话、段子等，影响其名誉的言论；愤世嫉俗，用一些过激的言论评价某件事情的；还有一种恶作剧形式的，比如某区的派出所接到报案通知，说某小区树底下埋有两个大炸弹。警察和拆弹专家立刻出动，奔赴案发现场，发现在树底下果然有两个“大炸弹”，不过那是扑克牌里面的4个2和一对王而已。

淫秽色情类主要指一些黄色图片、影片、小说等，这都是禁止传播的。

非法广告类也是很好理解的，就是一些涉及违禁品交易、色情、赌博等的信息。需要注意的是，目前较流行的“快速删帖”“专业刷票”等广告，也归入违法信息类。

小贴士：

现在，要转发一条微博或者一则信息，实在太简单了，只需要简单的复制，甚至直接按一个“转发”键就可以。所以为了避免孩子在网络世界中不文明发帖，我们最好有意识地培育孩子分辨是非的能力，不要人云亦云，尤其不要聚众起哄。

☆让孩子知道，应该避免接触网络上的不良信息

［案例］小军是一名初三的学生，近日来，他总是看见班里一些男生下课后就聚在厕所聊一些什么，有一次他实在按捺不住，凑了上去。原来他们是在讨论哪个不良网站好。因为非常好奇，他回家后也上了这些网站，一打开，全部都是一些淫秽的东西。刚开始小军还有点脸红，但一段时间后，他就习惯了，没事的时候老点击这些网页，然后再和同学跑到厕所交流。

有一天晚上，小军的爸爸看到儿子还在房间里玩电脑，打开门一看，火气马上就上来了。在爸爸的训斥下，小军才意识到，这些黄色网站就是毒药，容易毒害人的心理健康。爸爸呵斥他，浏览这些黄色网站，不仅影响到休息时间，还让他的视力大大下降，成绩也直线下滑。

小军意识到自己这样做是不对的，并且还向爸爸保证以后一定不会再这样了，他还说会劝告其他的同学，劝告他们也不要再浏览这些不良网站了。

小军悬崖勒马，这令人感到欣慰。不过，目前网络上的不良信息已经多得令人咋舌，很多不法分子也把网络当成是传播色情的地方。网络的普及化，让犯罪分子注意到了孩子们，他们开始把一些与色情有关的东西向孩子传播。同时，由于网络的全球化，国家很难让这些色情网站灭绝，而孩子受到的影响程度依然不减。

家长对于孩子接触网络既担心又害怕，因为孩子很容易受到网络的不良影响，最为害怕的是孩子被别人教唆做坏事。那么家长应该怎样

做，才能让孩子既畅游网络又不受伤害呢？

1．孩子上网需要监督。

如果条件允许，就让孩子在家上网，避免孩子去无监控的地方上网。此外，家里有电脑的，最好把电脑放在家长可以见到的地方，这样做能够及时了解孩子在网上做些什么。

面对那些自控能力较差的、年纪又小的孩子，父母最好陪在身旁指导孩子上网，让孩子在网上接触一些对他们有益的东西，不要让他们玩太多游戏。

2．家长应该提醒孩子，网上的那些所谓的“朋友”，其实都不过是陌生人。

跟孩子说，不要随便相信网上朋友们说的话，不能把重要信息在网上散播出去，看到有陌生的邮件不要理会。在网上遇到疑惑或不良内容的时候，要及时和父母或其他成年人说。平时和孩子聊天的时候，父母可以把一些网络犯罪的案例说给孩子听，让他们时刻注意网络安全，提高警惕。

孩子不上网时，家长要查阅上网记录，这样做能够了解孩子是否浏览过一些不良网站等。

3．不让孩子浏览不健康网页。

家长可以利用现有的网络安全技术来设置浏览权限，如锁定IE内核浏览器，避免孩子浏览一些不健康的内容。目前有些网站内置封锁功能，可以阻止孩子进入一些不能访问的网页。

小贴士：

家长要抽出时间和孩子共享在网上获取的信息，说出各自的见解，这样才能更好地了解孩子的内心需要。此外，在父母高压和民主的双重管制下，孩子才能在精彩的网络世界中有所收获。

☆为孩子制定时间表，避免孩子沉溺于网络

［案例］学校周围新开了一家网吧。一天下午，学校放学了，晓峰就被同学拉进了这家网吧。刚开始时，同学们都在玩网络游戏，他什么都不会，就呆呆地站在旁边看。同学们玩的这款游戏，表现了一个光怪陆离、金钱至上、抛开道德的世界，充斥着黄、赌、毒、暴力等，有些游戏场景无比恶心。

同学们玩了一会，就让晓峰也玩，晓峰拗不过，也玩了起来。刺激的画面使得晓峰完全沉浸在游戏中！夜幕降临，晓峰和同学们依依不舍地离开了网吧。第二天一放学，晓峰直奔网吧。慢慢地，晓峰就变成了一个游戏迷，更为严重的是，他还偷家里的钱去买装备，有时候还欺压低年级的同学要钱。此时的晓峰再也无心上学了，成绩急剧下降，人也变得散漫了，一天不玩游戏便会发脾气。整个人都变得非常可怕。

一些网络游戏带有血腥暴力的成分，如暴力汽车，在这个游戏中，孩子们会把撞倒“路人”“自行车”及“警察”看做是一种成就感。这种类型的暴力游戏对孩子会产生不良的影响，会灌输给孩子错误的人生观、价值观。

家长需要合理地规划孩子的上网时间，不能让孩子长时间坐在电脑前上网，以免影响孩子身体健康。一直不休息地玩电脑会让人出现头晕、视力降低、胸闷、恶心想吐等不良的反应，长期这样当然会严重影

响孩子的健康成长。

家长应该帮助孩子选择一些有利于孩子健康发展的内容供孩子浏览，如网络图书馆等；家长要及时和孩子交流近日来孩子在网上接收到的信息，如和孩子一起讨论一些优秀的网络作品。

有一句古话是这样说的："上梁不正下梁歪。"家长要起带头作用，做好孩子的表率。假如父母都沉浸在网络游戏中不能自拔，热衷网络聊天等，孩子自然也会"有样学样"。所以家长要以身作则，引导孩子正确对待网络。

小贴士：

我们想孩子不要过于沉迷网络，尤其是网络游戏，应该有意识地鼓励孩子参与不同的社会活动，比如鼓励他当一名志愿者，在周末和假期到不同的地方去关爱他人。现实生活中，给孩子一项长期性的，有满足感和成就感的项目，能有助孩子减低对网络的依赖。

☆告诉孩子，要警惕虚拟网游的各种金钱交易

网络游戏已经成为很多年轻人必不可少的娱乐之一。很多人沉溺在网络游戏给他们带来的自豪与满足中不能自拔，有些人甚至走上了违法的道路。

［案例］李同学读初二，从小学就开始接触网游的他，到初中已经成瘾了。李同学家贫，没有多余的钱购买那些高级的网游装备，于是这位沉浸在网游世界里不能自拔的少年脑海里闪现了"歪主意"。

暑假，李同学在游戏里和钟某成了朋友。出于信任，钟某就叫李同学帮他练级，并把自己的游戏密码告诉了他。李同学另外申请了一个QQ号，找到钟某，并称自己是腾讯里面的工作人员，发现钟某的游戏系统有异常，如果想要保住账号，就去找经理的弟弟，也就是李同学。由于钟某在这个账号投进了大量资金，听到账号可能会被盗，非常紧张，立刻让李同学帮忙。李同学告诉钟某要用钱才能保住账号，钟某听后马上把800个Q币转进李同学的账号。有了第一次，就有了第二次、第三次。

一段时间后，钟某怀疑了，不再答应往李同学的账号里转钱。这时，李同学又想了一个办法，那就是骗钟某说他的账号一直存在异常，工作室为了保住游戏玩家的利益，就把账号卖了，不过钱要等到换成支票后才会统一返还玩家。钟某就一直苦等这张“空头支票”，李同学还骗钟某说要交多少钱才能得到这张支票等等，钟某钱交了，支票还是没有得到，后来事情就不了了之了。

现在网络游戏的主要消费者几乎都是青少年。刚开始的时候，这些青少年都很单纯，一段时间后，也就慢慢地蜕变成了网络骗子。这种变化让人心寒啊！最令人担心的是他们会不会把在虚拟世界中染上的恶习带到现实社会中？诚信在网游中的“地位”非常低，青少年经常玩网游，很容易就会受到影响并被改变。对此，家长们应该怎么做呢？

（1）教育孩子，一定要健康游戏，要分清现实和虚拟游戏的区别，如果用金钱来达到你在游戏中的目的，那这样的游戏就没有多大的意义了。家长要教会孩子适度游戏，在玩游戏时坚持适度原则。如果在虚拟的游戏世界中沉溺，不能自拔，而影响到现实的生活，那就太不值了。把那么多的时间放在虚拟的世界里，还不如用这些时间在现实的世界里多创造精彩，留住现实的美好！

（2）让孩子明白，一些未成年人和社会上没有工作的人，会用一些虚假的信息来欺骗游戏玩家。因此，在玩游戏需要交易时，要先确认卖家是否有这个交易资格，或者选择正规的网站进行交易。

（3）万一孩子被骗了，家长要理性地教育孩子吸取教训，提高防范意识；不要一味地责怪孩子，更不要说孩子笨，他们只是单纯，缺乏判断力，作为家长的，一定要细心开解，用心教导。

小贴士：

对待Q币、金币等各种游戏用的充值功能，家长必须让孩子高度警惕。必须要让孩子明白，网络游戏中的升级和进步，其实都是虚幻的。如果孩子过于执着，家长就要谆谆引导，避免孩子在这种方面跟人攀比。

☆孩子上网成瘾坏处多，家长应对需讲方法

［案例］小辉今年已经15岁，他10岁的时候就已经可以独立上机操作了，在同龄人眼中是一位电脑高手。近日来，他被一个热门论坛聘任为版主。在学校，小辉成了最受欢迎、知识最渊博的学生，同学们从他那里获得了很多信息。小辉每天在网上获得的信息量非常大。

小辉的爸爸也是一个电脑迷，有了前辈高人的指导，小辉当然也会有所继承和发扬。这对父子熬夜通宵是经常的事。妈妈苦口婆心地劝说，但是在小辉的成绩单面前也失去了效力。在学校，小辉的成绩名列前茅，爸爸也不反对小辉过度上网，因此小辉花更多的

时间在网上。短短暑假两个月，小辉的视力已经下降到600多度。妈妈很担心，于是找来很多关于过度上网造成的不良案例给小辉看。

小辉看了感触很深，尤其是这样一则案例：有一个14岁的女孩持续上网了12个小时，结果第二天就失明了。从那以后，小辉开始注意上网时间，不再通宵熬夜。他突然感觉，身体似乎充满了活力。他变得更加开朗、乐观了。

网络一方面给孩子的学习和生活增添了很多乐趣，可是另一方面使很多人出现了一种症状——网瘾综合征（简称IAD）。有很多孩子接触网络后都会成瘾，荒废学习。很多家长使尽了所有办法，但还是无法改变孩子网瘾这种状态。

殊不知，长时间地坐在电脑前工作或娱乐，不单单会对人的视力造成影响，还会使脑电波改变，对孩子的身体造成严重的伤害。来自美国的一位专家穆蒂研究得出，电脑对人体的影响首先是改变脑电波，这可能导致人失去判断的能力，甚至让孩子变痴呆。

如何让孩子离开虚拟的网络世界，重回现实的世界呢？这就需要改变传统的教育方法。

现实生活中，在孩子和父母之间，往往有这样的一个怪循环：孩子上网成瘾——家长责备、打骂孩子——孩子更加喜欢上网——家长再打骂——孩子深陷网游不能自拔，产生极其严重的后果。

作为孩子的监护人，一定要接受孩子上网成瘾这个事实，探索其中原因，理解孩子。家长不要总用命令式语调，应该和孩子平等地相处，和孩子有商有量。对于孩子的优点，家长应该鼓励其发扬，对于孩子的缺点，家长应及时提醒或婉言提出；遇到与孩子有关的事情要跟孩子商量，合力找出解决方案；多陪伴孩子，及时发现孩子的心理变化并作出正确的引导。每个人都会犯错，何况是孩子呢？因此在孩子犯错时，不能过度责备，要信任他们会改正。因为信任之于孩子犹若治疗心灵的良药。

孩子网游成瘾后，看到周围的同学朋友都开心、正常地生活，他们也处于痛苦和自责当中，假如父母再对他们态度恶劣，天天念叨的话，难保他们不会采取更极端的做法。如果父母能够换位思考，把孩子当成是自己的朋友，与孩子交心，那再要解决这个问题就不难了。

家长需要提高孩子对网络时代的认识，让他们科学上网。家长不能把网络当做洪水猛兽，自己不上网，也禁止孩子上网。家长应该学会接受新事物，要学会上网，如果家长都不懂网络的话，那就无法引导孩子健康地上网。家长还应注意孩子上网过程中遇到的难题和困惑，及时和孩子交流，一起解决难题和困惑。

此外，家长可以对电脑进行一些设置，避免孩子受到不良信息的侵扰。

小贴士：

孩子一旦上网成瘾，就容易养成通宵上网的坏习惯。通宵上网会降低身体机能，影响排毒系统的运动，同时使大脑处于疲劳状态，不利于发育和健康。因此，家长们要明白，发现孩子上网成瘾，要及时想办法让孩子走出困境，不可马虎大意。

☆ 了解孩子上网吧的需要，教孩子消除“心瘾”

对于孩子上网，家长最担心的除了孩子在网上接触暴力、色情等不良信息外，更害怕孩子受人诱骗。家长还担心孩子受人怂恿，参与违法行为。那么，家长如何为孩子的网络旅程保驾护航呢？目前那些遍布城乡各个角落的网吧，像一个个美丽的陷阱，使许多学生丢魂失魄、丧失意志、无心学习、前途废弃。

据调查显示，有80%左右的学生上网都是打游戏，有15%是在网上聊天交朋友，而利用网络来学习或查阅资料的只是个别。其中，有13%的男生通过网络交友最后都发展为网恋或沉迷网络不能自拔，对学习、生活造成严重的影响。一到放长假，学生们更加疯狂，通宵熬夜地上网、打游戏。网吧的存在，始终是家长和学校的一根刺，更是社会一直以来关注的焦点之一。

[案例] 暑假的一天，在一个网吧靠近角落的位置里有一个十几岁的男孩子正玩“CF”起劲。在离他很近的墙上写着“未成年人”禁止入内几个醒目的大字。记者准备去找网吧负责人，不料孩子突然说了一句:“爸，你怎么这么笨呀，都不跟上我”。

“我是为了救他才选择带他来网吧的。”李先生说道，这让记者惊呆了。“如果我不带他来，他自己也会偷偷地跑来,禁止他不来网吧是不可能的，人家大禹治水都是采取疏通的办法，所以我只能这样子做了。我还能打骂孩子吗？引导更重要。”

孩子刚刚升上初中。李先生是因为孩子经常找他要钱才发现孩子偷偷去网吧上网的。平时叫孩子去买烟，剩下的钱孩子也全部要了，李先生就觉得不对头，直到李先生在家听到孩子与同学打电话聊天时说到种种游戏，他就什么都懂了。

李先生知道这个事实后，并没有急着去打骂孩子。在孩子面前，他假装什么都不知道。后来，他还特意去了孩子学校周围的网吧观察观察，他看到很多男生都是在玩游戏，而女生呢，就是聊QQ和看电影。“倒是没有做其他不好的事情，只是觉得网吧里有点乌烟瘴气，而且清洁卫生做得也不到位。”

“当孩子听到我说要带他去网吧玩时，他足足待了3分钟。”李先生回想起那一刻就觉得搞笑。“我这个人呢，也是很喜欢玩的。孩子现在还小，还处于成长期，很多习惯也在慢慢地养成，上网也不是一件什么坏事。如果不分青红皂白就打骂孩子，或用其他太强硬的教育方法，只会让孩子更加叛逆。这孩子的脾气可倔了。”

“未满18岁禁止进入网吧，就是觉得未成年人的自控能力比较差。不过是让孩子偷偷摸摸上网还是引导孩子好好利用网络，养成一个好习惯这两者中选择，我会选择后者。教会孩子充分利用网络资源获得知识、开阔视野，让他搜索一些对他们有益的网站等，是不错的。”李先生说，不过他也会和孩子一起玩游戏，“其实，教育是不分时间的，只要会教育，即使是在玩游戏，也能让孩子学会如何合理利用时间，做到学习和生活两不误。”

很多人或许都想不通，怎么能够带孩子去网吧呢？也有很多家长“谈网变色”。不过对于李先生来说，上网还能促进父母与孩子的关系呢。“在我们家，没有大小之分，孩子与父母就是朋友相处的方式。孩子也很信任我们，在网上遇到什么事情也都跟我们商量。”

我们说的这个案例，不是说鼓励家长带孩子去网吧，只是面对孩子沉迷网络的情况，家长们应该好好想想，怎样才能解决好这个问题。

想要不让孩子频繁去网吧，家长应该做到：

1．从孩子们的兴趣和爱好开始。

父母要时刻关注孩子的一举一动，多陪伴和关心孩子，用言语和行动表达对孩子的关爱。

2．家长应多接触和了解网络的基本沟通模式和术语。

目前网络有很多术语，可以选择一些好的术语和孩子交流，这样就和孩子有一些共同的语言，可以一起分享乐趣。

3．平等与孩子交流。

和孩子交流时，不能高高在上，要心平气和地和孩子说话，即使孩子做错了事情，也不要凶巴巴的。

4．要相信孩子，因为信任是彼此的。

最后，要告诉孩子“网瘾”的害处，让孩子意识到这样子做是不对的，会对自己产生很大的危害。只有这样，才能让孩子有戒掉“网瘾”的意识。每个人的情况都不一样，其网络成瘾的原因肯定也各不相同，但有了戒掉“网瘾”的意识和决心，就能解决问题。

小贴士：

家长们要善于调整教育方法，帮助孩子戒除去网吧的心瘾。首先就了解孩子为什么喜欢上网，是服从内心的需要还是贪图一时的新鲜？然后帮助孩子在现实生活中得到满足感。家长对孩子要细心、耐心，把孩子从网络世界中拉出来。

☆叮嘱孩子，和网友见面千万要谨慎

［案例］小杰通过网络游戏认识了一个叫“战神”的人，两人相谈甚欢，很快就成了“哥们”。

一个月后，他们就在网络上约好要在某个公园见面。

相见那天，想不到的是“战神”还带了另外两位朋友过来。“战神”对小杰说那两位朋友都是游戏高手，寒暄了一会儿后，“战神”就说肚子饿了，一起去吃个饭。

他们找了一个包间，点了菜。吃饱后，“战神”就趁小杰不注意把他扑倒，另外一个朋友就拿出胶布把小杰的嘴巴封上，另一个朋友就站在门口盯梢。“战神”把小杰身上值钱的东西全部搜刮出来后，拍着小杰的脸说：“怪就怪你太天真了，看在你身上有这么多值钱东西的份上，劝告你一句‘以后不要再相信网友’。”

说完他们就撤了。

小杰就这样一直被绑在包厢里，直到服务员发现才得救。

目前，越来越多孩子喜欢上网。像小杰这样在网上和网友聊得火热的孩子们非常多，而且大部分孩子都会毫无戒备地与网友见面。这就为一些不法分子提供了可乘之机。近些年，很多孩子都在会见网友时遭到了侵害，媒体也多次报道这类案件。

经专家分析发现，这类网络交友案件有以下特点：一、目的明确，就是为了谋财和劫色；二、有计划、有组织，有专门的犯罪团体；三、受害的孩子大多都天真无邪，很容易地就相信他人。

很多家长都不同意孩子会见网友，殊不知，处于叛逆期的孩子他们宁愿选择相信网友，也不愿听父母的话。这个时候，如果父母直接说不许孩子见网友，孩子未必会听。因此，父母应该告诉孩子们一些相关的案例，慢慢地引导，让孩子提高自我保护意识。父母应该教导孩子注意哪些事项呢？

（1）告诉孩子，跟网友见面前要跟亲朋好友说清楚，并把会见网友的时间、地点告诉他们，另外要与他们保持联络。这样的话，出了什么事情也能及时被其他人发觉。

（2）叮嘱孩子要了解和掌握对方的个人资料，与网友碰面时可以问一下，看是不是真实的。

如果是第一次见面，告诉孩子最好是参加一些多人网聚。不然，你就要带上朋友一起。最好不要单独前往和网友见面，以保证安全。单独赴约，见面时的第一感觉不好的话，那你就要想办法脱身。

（3）嘱咐孩子，在网络交友的过程中，千万不要单凭感觉就把钱借给他（她）。

尽管在网上认识的时间很长，也要保持一颗警惕心，有一句话不是说“知人口面不知心”嘛。所以不管做什么都要有警戒心。

（4）时刻提醒孩子，如果网友要送你回家，一定要拒绝，因为这可能给你带来很多不必要的麻烦。

首次见面可以自己骑车前往，这样也比较方便脱身。不要把家庭住址等情况告诉网友，假如对方有恶意的话，就麻烦了。

最后，保持手机畅通，不要去一些信号不好的地方，如郊外等。和网友见面的地点要慎重选择，最好选择公园、车站等地方，因为安全性较高。

小贴士：

作为家长，如果孩子在网络世界中交友，我们要争取成为他的网友，这样可以帮助我们了解孩子在网络世界的动向，比如他的微博发言、qq签名等等。如果在他的网络动态中发现他会有与网友见面的可能性，我们就要针对性地教育，让孩子树立起必要的安全意识。

☆让孩子掌握如何在网购中防骗子的技巧

［案例］小松今年初三，看到周围的同学都有手机了，他也想

买一部。于是小松就在网上搜索，很快就在淘宝的一家小店里看中了一款，而且价格比实体店少了一千多。小松看到这儿，心里那个激动啊，马上就给卖家打电话。卖家说这批手机是一个在华为工厂里面的朋友带出来的，所以才会这么低价。

第二天，小松就把300元打进卖家的账号，卖家说当天下午就可以发货。

第三天，有一个自称送货公司的业务员打电话给小松，说由于这次的货物都是一些贵重物品，让小松交3 000元押金以保障人货安全。这时小松说身上只有800元，卖家很爽快地就说剩下的自己可以先垫付，于是小松又把800元打进卖家的账号。

意想不到的是，送货公司知道这些保证金不是小松本人自己交的以后，竟然不给送货。此时，小松大概觉得自己被骗了，于是就跟卖家联系说要退货。卖家不同意，不过派了另外一位业务员与小松联系，这位业务员又要小松交600元押金，小松又向同学借了600元汇过去。

钱交后，小松再也联系不到那位业务员。紧接着小松又去找卖家，卖家说我们店里没有这位业务员。到这个时候，小松才确实感到自己遇到骗子了。

在整个过程中，小松都没有见过货物和卖家，却禁不住价格低廉的诱惑一而再再而三地相信骗子的话，结果被骗去大量现金。社会在不断向前发展，而网络购物已经逐渐成为人们购物的主要方式之一。网购有很多优点，如实惠、便捷等，由于这些特点，消费者越来越喜欢在网上购物。不过目前网上购物还是存在很大的风险，主要是因为没有一个健全的网络监督系统和措施去保护消费者的权益，而这些网购漏洞很容易就成为诈骗产生的温床。

因此，作为家长，我们要时刻提醒孩子，如果要进行网上购物，一定要选择一个值得信赖、诚信度又高的商家，一定要记得选择已经通过BCP信用认证中心认证的购物网站或网店，这些有保障的商家一般不会出现骗人的行为。

俗语有云：防人之心不可无。网络购物已经成为我们生活中不可缺少的一部分，如果我们想孩子买到物美价廉的商品而不被欺骗，那我们就要帮助孩子擦亮双眼。

（1）让孩子在选择支付工具时要小心，一定要选择安全性较高的，如支付宝、财付通等。浏览购物网站，如淘宝、天猫，一定要仔细地看卖家的资料，看是否存在信誉陷阱，然后看商品详情，再拿其他的店铺商品比较，在付款时选择安全性能高的支付方式，切记不要直接用银行卡直接付款。

（2）提醒孩子，在购买东西时，尽量不要一次在一家店铺里买很多东西，不然我们支付了但商家却不发货就不好了。

（3）告诉孩子最好能够采取收货后付款这种支付方式。收到所购的东西后，先打开验货，一旦发现货物不符合实际情况时，应该拒绝支付或者退货。在交易时，不能太听信卖家的话，也不能直接就把钱打进卖家所指定的账户。

（4）同时要叮嘱孩子网购时不能粗心大意，要多留一个心眼。那些复制别人网站的网站尽管做得非常好，不过还是与正版的有差别。如果有网站叫你输入银行卡卡号和密码的，你就要注意了，千万要小心，不然可能会造成一定的损失。

最后，万一孩子在网购时遇到骗子时，教育孩子首先要做的就是告诉家人，此外还可以在一些热论坛发帖，把骗子的真实面目揭露出来，让其他的顾客更加小心。如果受骗的数目很大，那可以向公安机关救助，追回被骗的钱。

小贴士：

我们要教育孩子，网购切忌抱有贪小便宜之心，尤其是进行数额巨大的商品交易，不能急于下单，要了解商家的各个方面和商品详情后才考虑交易。BCP信用投诉中心特别提醒：一定不能选择和卖家私底下交易。

☆叮嘱孩子单次上网时间不能超过两小时

很多人都认为心脏病是老年人才会患的病，其实不然，近年来心脏病患者越来越低龄化。曾有报道称，有一个18岁的年轻人就已经被确定患有心肌梗塞。为什么年轻人会患心脏病呢？原因在于现在的青少年往往有不良的生活习惯，如上网时间过长、熬夜等。

［案例］小洋今年16岁，是一名网游爱好者。今年暑假他几乎都是在玩网游，每天上网的时间超过了10个小时。开学不久后，小洋觉得自己身体很不舒服，经常出现头晕、胸闷、心悸等症状。妈妈非常担心，于是就带小洋到医院检查。经过相关心电仪器的检测，医生确诊小洋得了非器质性心脏病。医生询问了小洋的一些情况后，说这个病与他暑假上网有直接关系。

据资料显示，青少年很容易患的心脏病是心脏神经症，就是我们说的小洋的病例。患病的原因是因为有不良的生活习惯，或者是心理压力过大。青少年经常患的心脏病还有器质性心脏病，如病毒性心肌炎（大多是由病毒感染引起的）和先天性心脏病等。此外，现在的青少年也比较容易患冠心病。

已经说过，青少年之所以会患心脏病，主要是由不良的生活习惯和情绪不稳引起的。如今，上网成为人们生活中必不可少的一件事，很多青少年都喜欢玩网游而荒废了体育运动。过渡沉浸于网游中，而忘记了吃饭和正常的作息，更不参加运动，会使得心脏气血严重供应不足。假如是在网吧上网，那情况更差，因为网吧空间都不大，空气流通速度慢，长时间待在里面，就不会得到清新的空气，从而使心脏的氧气供应不足。长此下去，难免会出现心悸、呼吸不畅、胸闷等症状。

不良的生活习惯会导致非器质性心脏病，如果不及时纠正和治疗的话，会造成更大的危害，最后很有可能变成器质性心脏病，如心肌梗塞、冠心病等。

青少年想要健康地成长，那就要养成一个良好的生活习惯，而如何让青少年建立起良好的生活习惯呢？家长要做的有很多。

1．引导孩子休息好，不要熬夜，正常作息。

只有这样，孩子才能保证身体气血充足。在此，专家建议青少年每次上网时间最好控制在两个小时以内，小学生最好上网时间不要超过半个小时。

2．鼓励孩子多做运动，保持身体健康。

3．教育孩子保持平衡心态，开心过好每一天。

如果父母对孩子施加很大压力，这样不仅不能让孩子取得好成绩，相反，只会让孩子心理负担加剧，最后患上疾病。有很多优秀的孩子会患非器质性心脏病，但是经过一段时间的全面治疗后，绝大部分孩子会康复。

4．帮助孩子认识到合理饮食的重要性。

青少年正处于生长、发育阶段，要多给他们吃一些富含蛋白的食物，少给孩子吃脂肪多、热量高的食物。

小贴士：

规限孩子的上网时间，家长们要做到晓之以理，动之以情；不要命令式地告诉孩子“你只能上网两小时”，这容易让孩子反感。我们要清楚地告诉孩子，为什么上网时间需要控制在两小时以内，要对上网时间过长的危害加以说明。

第六章 传授孩子“心理自救”秘笈，扫清心理上的“亚健康”

☆教育孩子莫焦虑，防止用脑过度致疲劳

［案例］小红是一个成绩很好的女孩子，一直都担任着班长的职务，在老师与同学的眼中是一个名副其实的优秀学生。在这个暑假，小红主动参加了两个补习班，还学了两个特长，每天都忙忙碌碌。

这样持续了一个多月，小红渐渐地感觉到了疲惫，经常心烦意乱，不能集中注意力，成绩也不如以前好了。小红感到很焦虑，老师会不会因此不喜欢她？同学们又将会怎么看她呢？还有爸爸妈妈，对她寄予了那么大的期望，这下一定会失望的。

小红再不愿意去学校，失去了对自己的信心。她开始沉溺在电视剧中。她在逃避。以前她安静稳重，现在却经常唉声叹气，表现出明显的焦躁。爸爸妈妈接受了老师的建议，带着小红去看心理医生。心理医生了解了小红的状况，明白了到底是怎么回事，说这并不是什么严重的症状，只要自己保持积极的心态就能解决。

小红在医生的建议下努力恢复信心，每当自己心里又产生激烈

的焦躁，就告诉自己不必介意别人的想法，一旦放弃自己才是最可惜的。小红的情况最后渐渐地好转了。

小红没有在应当休息的时候放松自己，过度的补习让她感到疲劳、厌烦。疲劳有两种，一种是生理上的疲劳，另一种是心理上的。生理疲劳是指经过繁重的体力劳动之后身体上产生的疲惫，只要能够得到充分的休息就能够解决。

心理疲劳表现为思维停滞、头昏脑涨、记忆力衰退。

家长要明白，一般孩子出现这种情况的原因有两种：一种是由于长时间不间断的学习，使得用脑过度，大脑自己启动“保护装置”，产生自发的抑制性；另一种就是心理上的压力太大，这时候孩子容易在学习中将精力更多地消耗在精神紧张与焦虑中。这种心情很容易导致心理疲惫。在这种状态下学习，孩子很容易感觉到浑身僵硬酸痛，从里到外的疲惫。想要消除这种影响很深的心理疲惫，依靠外力基本不可能，主要还是要进行心理上的调整，通过自我放松来消除负面影响。

在此，家长要教会孩子将各色各样的活动融入自己的日程表，学会劳逸结合，在实现疲劳缓解的过程中，又能放松身心，增强体质。

1. 教会孩子自我检查，到底压力有无超负荷。

很多家长都希望孩子掌握的技能越多越好，孩子也会逆来顺受地接受家长的安排，但是时间过于紧密，容易使孩子失去了自我活动的空间，孩子自此会产生心理压力。因此，家长要教会孩子自查方法，让孩子说出自己的想法，万一感受到压力，想要停止哪一种课外活动，要开口跟父母讲清楚，从而避免心理压力过重，导致学习不专注。

2. 教会孩子参与活动，定出活动计划表。

当然，如果是父母亲安排的课外活动和学习，家长可以根据孩子的感觉进行调整，但是学习压力很大部分是来源于学校的，有的孩子心理素质不过硬，容易栽在一两次练习训练或者模拟考试上；有的孩子在弱势科目上，因竞争压力过大，也会出现焦虑情绪。这个时候，家长要教育孩子自我缓解。比如，为孩子制作一份精美、特别的台历，定出每周的周末做一件有意义的事情，让孩子数着日子来奋斗，有了缓解的突破口和企盼，孩子就能慢慢学会自己舒缓压力。平日里，家长也可以鼓励孩子将画画、书法等家庭活动记录在自己的时间表中，利用别的兴趣转移学习压力。

小贴士：

家长要端正观念，不要以为孩子一天到晚坐在书桌上读书就一定很好。我们要明白，成日不间断地学习和看书，对于孩子的视力、脑力发展都是不利的。书得读，但是也要学会劳逸结合，像农业间作一样，学习一会儿，活动一会儿，运动一会儿，这样才能提高学习效率。

☆孩子和同学发生口角，教会孩子坦诚

很多家长反映，孩子之间的矛盾防不胜防，家长不知应该如何教育孩子。

［案例］肖军同学动手能力强，平时喜欢研究物理和化学，课余还经常搞小发明，而且很实用。虽然肖军的学习成绩不是最优秀的，但是同学们都很喜欢他。他的隔壁桌萧徽成绩非常棒，读书用功，老师很看重他。不过，他为人有点心胸狭隘，说话有点清高和咄咄逼人，经常有意无意地讽刺肖军。肖军非常不开心，可是碍于

同学的情面，也没说什么。

有一次秋游回来，萧徽说肖军在集体照上很丑，还故意地哈哈大笑。肖军觉得受到了侮辱，便反讽了几句。两人你一句我一句，激动之下就打了起来。萧徽人高马大，很快就把肖军撂倒了。

肖军纠集了学习小组的其他成员，一起去找老师，要求把萧徽调到其他学习小组。萧徽被调走了，肖军和他也彻底成了“陌生人”。

两人关系交恶，很大一部分原因是因为他们没有坦诚以待，及时化解矛盾。同学们在一起学习、生活，难免会发生一些摩擦，那么怎么应对这些摩擦呢?

1. 教孩子“角色互换”，心平气和地体会对方的“角色”。

作为家长，首先我们要教育孩子学会换位思考。家长在教育孩子处理人际矛盾的时候，一定要提醒他们要换位思考：如果自己是别人，又会怎么做? 生活中，谁也不可能逃避得了大大小小的冲突。有的人很爱较真，就算是小事也得分个清清楚楚，谁对谁错。如果自己在“理”上占上风，便得理不饶人。其实，放过别人有时候也是放过自己，“杀敌一万自损三千”，你让别人不自在，自己也未必得到真正的解脱。如果自己理亏，更要主动让步，提出和解，不能只顾着自己的面子。

2. 让孩子学会让步，宽以待人。

身为家长，要教育孩子“退一步海阔天空”的道理。和小伙伴们产生不合，不能认死理，非得搞到你死我活才罢休。让步不等于懦弱，能够首先提出和解方案的人，其器量比较大。和同学发生口角，要冷静，克制自己不要动手。你的态度好，别人也不好意思继续纠缠下去，你们甚至可以“化敌为友”。

小贴士：

在生活中，家长要教会孩子分析矛盾，化解矛盾。错在别人，要学会大度；错在自己，要主动道歉，敢于承担责任。与其每天见面别别扭扭，把精力分散在矛盾上面，不如坦荡荡地解决矛盾，开开心心地学习。

☆家长怎么做，才能帮助孩子远离懒惰拖拉

［案例］小敏最近陷入了深深的烦恼中。她虽然一直有着自己的计划与理想，还规划得很好，不过一到实施的时候，就会因为自己想玩的欲望而难以坚持，经常管不住自己。这种情况经常发生，虽然事后她常常感到愧疚，重又下决心、立计划，但是坚持不了几天就又恢复了原样。正如一句谚语说的，“常立志，不如不立志”，小敏被自己的这种情况困扰着，不禁产生了这样的疑问：我还能不能改掉这样的习惯呢？

小敏的情况用一个现在常见的词来说明，就是“拖延症”。有时候大家觉得拖延是一个正常的、大多数人都有的情况。美国人就调查过，美国将近十分之七的孩子在学习上都会出现不同程度的拖延，就算是自我约束较强的成年人，每天也有大概五分之一的人产生拖延的情况。所以，拖延症并不是一种玩笑，反而真实存在并深深影响着人们。

拖延，解释为以各种方式逃避某一行为的倾向或者是特质，是自己在阻碍着自己，扰乱着自己的行为。在我们的日常生活中，几乎谁都会

有拖延事情的倾向，它又分为两种。一种情况较轻，一般是遇到比较繁琐又不重要的小事情，会影响自己的生活但是影响不大，像是需要收拾房间、洗衣服之类的。

还有一种就是面临大事情，这种事一般都不在自己的能力范围内，但是深深影响着自己，结果还有可能会让自己恐惧。在这种事情上体现出的拖延状况并不是自己懒导致的，是心理上的焦虑影响着自己。但是不管影响大还是小，解决自己的拖延症总是很重要的事情。

想要让自己的孩子远离拖延的影响，首先应该知道这种情况产生的原因才能对症下药。为什么孩子有时候会出现懒惰、没动力的状态呢？在孩子成长过程中，对他们想尝试的事情，我们有没有用过“你还做不了”之类的话阻止他呢？当他们经过自己的努力去做一种尝试的时候，我们有没有因为看着他们做出的东西有缺陷就代替他们完成呢？这些行为会打击孩子的积极性，让他们在刚探索的时候就失去了体验属于自己的成功的机会，从而失去信心还有好奇，对待事情开始畏缩，不敢或者是没有积极性去尝试。如果家长对孩子的事情插手太多，就促使孩子养成依赖性、惰性，这是要不得的。

想让孩子对待事情积极，有干劲，就要从一开始调动他们的好奇心和积极性。

1. 让孩子有属于自己的追求，有自己渴望的事情。

爸爸妈妈别过分地满足孩子，让他们有些小遗憾，才会有追求与愿望。然后就孩子的追求及愿望，对他们进行鼓励和引导，帮助他们实现，这就会让他们获得成就感。

2. 从小培养他们的忍耐力和坚持的精神。

首先爸爸妈妈对孩子要有耐心，当他们在尝试自己去做什么，而遇见困难的时候，应该及时地鼓励他们重拾信心，千万不要放弃。家长可以在必要的时候帮助他们一下，但是别让孩子觉得你已经代替他们去做这些事情，这就过度了。让孩子自己体会，体验，才能成长。不然，遇到困难孩子就想要寻求帮助，这对他们培养坚持能力并不好。

3. 培养一个阳光的、充满活力的小孩。

孩子是否有活力，跟自己的身心状况直接关联，所以带孩子经常去自然中游玩，让他们尽情放飞自己的思想，这种积极向上的环境能够让孩子充满活力，也有利于孩子的健康发展。在平时家中，爸爸妈妈也要注意营造一个健康的环境，培养孩子自己喜欢的兴趣爱好，跟孩子保持良好的关系，经常与他们一起玩耍……这些会让孩子收获更多的愉悦感。千万不要因为自己的想法去强迫孩子做什么。一切的积极性建立在自己的喜爱上，不要一开始就打击他们，尽量将自己的愿望与孩子的要求统一，让他们有自己的兴趣。

4. 能够跟孩子一起享受快乐。

干劲体现在“干”中，当孩子认真去做了一件事，爸爸妈妈应该及时肯定他们的劳动成果，这样孩子才会获得成就感。跟他们分享这种喜悦，体会孩子们成功带来的骄傲。一旦他们在父母的肯定中获得愉悦，就会对做这件事更有兴趣。

小贴士：

孩子懒散，很多时候是缺乏目标性和计划性的表现，家长除了可以和孩子一起制定计划表之外，还可以有意识地培养孩子坚持、坚毅的品质，和孩子一同参与一项长期性的活动。这对孩子是大有裨益的。

☆别让孩子当“独行侠”，避免陷入孤独症

［案例］小华很难融入集体，孩子们下课成群结队玩得开心，但是他只能自己在一边看，无法真正加入他们。好多同学都觉得小华是个很“怪”的男孩子，为此小华难过了很长时间，还把这件事情告诉了爸爸妈妈。看着伤心的孩子，爸爸妈妈也很奇怪，明明小华是个乖巧懂事的好孩子，为什么会没法融入集体呢？因为在学校过得苦闷孤单，小华开始不想上学了。

像小华这样的孩子，在群体中显得比较孤僻，大致原因应该是在自己成长的过程中缺乏跟同龄人之间的交流，这就导致孩子的交往合作能力比较低。孤僻的孩子一般都无法被群体接纳，在大部分成员眼中表现怪异，常常是“独行侠”，自己一个人远离团体，独来独往。这种情况对于孩子很不利，长此以往就会生活在自己的牢笼中。即使出于某种原因跟别人接触交往，也显得消极敷衍。有时候即使想显得活泼一点，也会让别人觉得不自然，感觉哪里不对劲。性格孤僻享受不到友情的快乐，常有苦恼压抑的感觉，尤其是在被群体排斥的时候，内心更是极为痛苦。因为不能被接纳，他们更容易感受到别人的恶意，变得敏感、忧心，小小年纪就生活得忐忑不安，很容易造成一定的心理疾病。在这样情绪的长期笼罩下，孩子的身体健康自然会受影响。

要想帮助孩子解决这种困境，首先应该让他们产生与别人接触、交往的愿望，只有在交往中获得快乐，孩子才会乐于去改变自己。应该让孩子自己主动一点，首先不要排斥别的小朋友的善意，克服内心的拒绝

冲动，才会迈出第一步。只有对身边的环境产生一定的亲近，他才会主动将这种环境营造得更好。

此外，家长还需要怎么做，才能帮助孩子变得合群呢?

1. 不要让孩子只待在一个封闭的、缺乏同龄人的小圈子里。

现在的邻里之间关系越来越远，也因为房子格局的原因，孩子只要把大门一关，就没办法接触到别的什么人。在这样封闭的环境中，长时间独处不利于孩子融入集体。应该鼓励他们经常去社区花园、家附近的活动中心之类的地方，多跟别的小朋友一起玩，学会交朋友。

2. 家长不仅要注重孩子的智商，也要注意孩子的情商。

情商的意义有很多，大体就是教会孩子怎样去适应社会。孩子不能够只是提高自己的学习成绩，还应该学会与别人交往，在交往中学会体会爱。注重孩子的思想道德培养，帮助孩子塑造好的品性，让孩子全面发展。

家长一定不要做“冰箱父母”，忽略自己的孩子，要跟孩子多做心灵上的交流，及时地帮助他们，让他们远离孤独症。专家认为，患有孤独症的孩子，其爸爸妈妈往往在生活中没有给孩子足够的关心爱护。对于他们来说，似乎孩子没有任何问题，于是就继续漠视，排斥。孩子出于自我保护的目的，逃进了一个梦中，表现就是在社交上有障碍。

有些患病的孩子，很早就体现出了自己的与众不同。他们面部表情比较少，不喜欢跟周围的人对视，表现很冷淡，对人往往不予理睬。有些孩子还有语言上的发育障碍，几乎不说话，这有可能是他们不喜欢说，但也有可能是孩子讲话晚，说话困难；他们说的内容也少。

一般孤独症孩子还会表现为性格上的固执，经常是喜欢特定的某种东西，喜欢一成不变的生活方式，像是在什么时间做什么事情，某件事情要用什么方法完成，一般都是固定的。他们会有很独特的爱好，经常喜欢一些普通孩子不注意的东西。

针对孩子们体现的不同情况，应该采取不同的训练方式，这种训练越早越好，不然效果会衰减。只有让孩子在训练中掌握一般孩子应该掌握的东西，比如各种生活常识、与人交往的能力等，孩子才能慢慢地恢复自己的社交能力。

小贴士：

家长应该在各个方面帮助孩子防治孤独症，鼓励他们多锻炼，有自己的兴趣爱好，积极地参加集体的活动。不要让孩子长时间待在“牢笼”中，要多接触别的孩子。一旦孩子出现了有孤僻的倾向，应该及时寻找解决方法，以免影响孩子的性格，殃及一生。

☆教育孩子不要“偷窃”

［案例］丽丽的爸爸给她买了一个钥匙链，特别得好看，上面悬挂着一个动物装饰，按一下按钮还会叫呢！小华觉得丽丽的钥匙链太好了，很羡慕她。

下午，小华去找丽丽玩，但是她出去了。她的妈妈热情地让小华留下来等她，自己就去忙着做家务了。小华想起了丽丽说的钥匙链，很好奇，想要看看。但是丽丽说过不允许别人动自己的小抽屉。小华想了想，自己跟她关系这么好，就开一下也没什么。

打开抽屉，小华一眼就看上了那个漂亮的钥匙链，非常喜欢。小华想，这要是自己的就好了，于是就悄悄的把钥匙链塞在了口袋里。等到丽丽回来，她俩就一起去楼下玩了。玩的时候小华心里一直惴惴的，好像怀里揣了个小兔子，生怕掉出来。

后来丽丽发现了自己的钥匙链不见了，并没有多说什么，但是小华却感觉她不再跟自己亲近了。小华虽然得到了自己喜欢的钥匙链，但是根本不能给人看，更是失去了一个好朋友，心里别提多后悔了。

小华这种对待别人的好东西容易心动，随便占为己有的偷摸行为，其实是她没有足够的自制力的体现。孩子有时候出现偷窃的行为，这并不是说孩子的秉性不好；孩子对某种东西产生占有欲，而不能通过正常的方法得到，就只好选择偷窃，这是自己不能控制欲望的一种表现。比如朋友有自己想要了很久的新玩具，他又不会送给自己，爸爸妈妈也没有答应给自己买，就有可能想要偷窃，满足自己的渴求。

还有的孩子，其偷窃的原因是想要得到大人的关注。这类孩子可能没有什么人关注，在屡屡被人忽视之后，比如爸爸妈妈平时因为工作或者是别的原因不关心自己，孩子就渴望引起注意，可能就想通过偷窃的方式引起家长关注。

还有就是，孩子们通过偷窃来发泄自己的负面情绪。有时孩子会在生活中遇到让自己觉得委屈不满的事情，他们不能通过别的方式化解，就只能以偷窃的形式来表示不满，满足自己的发泄欲望。像有的家庭，父母不去注意孩子的需求，指使孩子经常被忽视，不能得到应有的尊重，孩子就会去偷窃某些东西满足自己的自尊心，发泄自己的委屈。

针对这种种情形，家长应该做些什么呢？

1. 家长要让孩子明白，每个人对自己的东西有“所有权”。

因为孩子的年纪小，对事物的认识并不完全，他们有的还不明白什么是“偷”，思考问题都是以自己的角度出发。有时候对别人的东西感兴趣，就想当然地想拿回家玩玩，他们考虑问题的时候常常把周围的东西都纳入自己的范围内，却没想过自己的做法会有什么样的后果。所以让孩子明白，别人的东西就是别人的，它是有主人的，自己偷偷拿走是不对的，侵犯了别人的权利。

2. 教育孩子设身处地的替别人想。

让孩子想一下，如果是自己的东西被人拿走了，自己会怎么想呢?一定会很难过，很烦躁。这样孩子很容易产生愧疚感，知道自己的行为会对别人造成伤害，进而道德的束缚就会让自己不好意思再拿别人的东西了。

3. 教育孩子不要用“乱惹事”来引起爸爸妈妈的注意。

有的孩子由于父母忙碌，平日对自己的关注不足，以此，他们会不断惹事，从而引起父母对自己的重视。为此，家长发现孩子有偷摸行为之后，首先要判断孩子的动机和立场，应该多跟孩子交流，让自己明白孩子的想法。有些孩子这么做，是想要得到他们应该得到的关注，不想总是被忽略。只有通过充分的交流，孩子与爸爸妈妈才能互相理解。

小贴士：

很多时候，孩子之所以会小偷小摸，不是基于缺乏，而是基于占有欲和嫉妒心，这是孩子成长过程中必然会出现的心理。因此，家长要足够重视，不要以为只要给孩子好生活，他们就会没有坏习惯。我们需要更加专注孩子的心理变化，慎防孩子出现各种心理亚健康。

☆孩子转学有不适，家长该如何教育

［案例］小娟初中的时候是一个非常优秀的孩子，父母在她的身上看到了希望，为了给孩子营造一个更好的学习环境，就在小娟上高中的时候，费力将她从县城高中转到了省会的知名高中。

但是出乎意料的是，小娟在那里待了没有半学期就发生了很大的变化，而且这种变化并不是爸爸妈妈想要看到的。小娟从原本的开朗活泼变得忧郁沉闷，有时候还会偷偷掉眼泪，成绩也在一直下降，爸爸妈妈看着小娟，心里很难过。

显然，小娟转学后不能很好地适应新的环境，不仅仅是教学方式的改变，周围环境、人际关系都有了变化。小娟发现自己在新的环境中并不是很出色的，和周围的一些孩子还有差距，虽然成绩不差，但是不像从前是老师同学关注的焦点了。小娟开始自卑，她觉得没办法面对，渐渐地越发自闭。她把自己所有的精力投入到学习中，但是即使自己努力了，成绩也不令人满意。

落差感让小娟终于撑不住了。

转学的孩子在适应新生活时，家长要怎么做？大体而言，下面几点是非常需要注意的。

1．让孩子在内心认识到自己转学了。

耐心地跟孩子解释，让孩子明白这并不是仅仅换个地方学习，而是面临着诸如同学、老师、教学方式、周围环境等一系列的改变。跟孩子说清楚，这世界上，没有什么是完全合自己心意的，应该在适应新环境的时候抱着包容的心态，学会与新同学交流，让大家接受自己。当遇到挫折的时候，不要总是想着曾经怎样，这只会让自己更不适应现在。遇到困难，可以主动找老师谈一谈，寻求老师的帮助，这也能够使得老师很快接受自己这个新学生。在平时主动地参加新集体的活动，和别的孩子一起玩、一起学。身边的人遇到了困难，力所能及的话应该向他们伸出自己的手，才能够增加别人的好感。另外，鼓励孩子在新的环境中应该积极表现自己好的一面，不要羞涩，让大家注意到自己的能力是件好事。

2. 让孩子去做自己喜欢的事情。

当孩子转校的时候，学习上的变动一般影响不大，更多的是周围的人际关系影响着自己。孩子离开自己的好朋友去新环境中学习，必然会产生恐惧感、排斥感，这是一种“分离焦虑”，在这种情况下，孩子经常会表现得不安、焦躁。每个人都一样，只不过大家的表现方式及程度都不一样。处理不好这种状态，孩子很可能会笼罩在不良影响之下。这时候，要让孩子做自己喜欢的事情，帮助他们转移注意力，忘记那些消极的部分。还有，爸爸妈妈也可以告诉孩子，即使是离开了自己的朋友，大家也能生活得很开心，而且现在联系很方便，想联系就能和朋友联系，这能缓解他们的焦虑与不安。

3. 带孩子多去游乐场之类的同龄人愿意去的地方。

置身新的环境，孩子起初可能很难寻找到一个玩伴。其实，像游乐场及当地的少年宫，都会有很多的孩子。在这里孩子能够很快地接触到不同的小朋友，容易帮孩子找到自己的新朋友。当孩子能够建立新的友谊的时候，他会觉得自己被接纳了并从中感到快乐。友谊是孩子比较依赖的一种情感，良好的关系能让孩子生活得很快乐。

小贴士：

由于实际需要，不少孩子会在小学、中学阶段出现转校的现象。转校生有一定的心理障碍，家长要注意调节，同时在转校之前，我们要充分征询孩子的意见，问问孩子到底是否喜欢，终究不能过于强硬地将自己的意愿强加在孩子身上。

☆万一考试挫败，教孩子自我调整

［案例］小周家里住在农村，爸爸妈妈花钱让他在重点初中里借读。小周也没有辜负他们的希望，一直很努力地学习，成绩在班上数一数二的。家里供他上这所学校，就是想他能好好学习，将来考上重点高中。但是临近升学的这个学年，小周的成绩反而不知道因为什么开始下滑，上课的时候他常常走神，自己呆坐着，也没有回答问题的积极性，情绪好像很不好。

老师注意到他的问题，就专门找他谈了一谈。当老师问及他是不是遇见困难的时候，小周沉默着不回答。老师又劝他：“马上就是冲刺的时间了，你有什么困难不能跟老师说呢？”小周还是不愿意说。老师又说：“你爸妈不是都想你上重点中学吗？你这样……”老师还没有说完，小周突然就哭了，他说自己不想上了，他想要回家。看着孩子哭得那么难过，老师也不知道该怎么劝他，只好告诉他，他可以把老师当作朋友，有困难就告诉老师就行。

小周控制着自己的情绪，开始跟老师讲起自己总是情绪低落的原因。他在考试前承受了很大的压力，爸爸妈妈节衣缩食地供着他上学，就是想让他考好一点，上个重点中学。在这样的压力下，他觉得自己要是考不上，爸爸妈妈一定会很失望，自己也对不起这么多年的努力。就是因为太重视，反而产生了过度的紧张，这才会上课走神。加上这一次的模拟考试，小周没考好，他开始怀疑自己是不是退步了，怎么努力也考不好。

一想到自己将会面临着老师的叹息、同学的嘲笑、父母的失望，小周就觉得自己太绝望了，什么也学不下去。

小周的沮丧就是因为爸爸妈妈给的压力太大导致的。这时的孩子一般都容易灰心丧气，一遇到困难就怀疑自己，或者是觉得命运不公平，总之提不起学习的兴趣和积极性，上课没有精神。他们为自己营造了一个小天地，在那里一遍遍责问自己，消磨着自己的理智和自信。他们感觉孤独寂寞，无人理解，在远离现实的地方一个人待着，看不见希望。沮丧伴随着孩子对生活的消极观念、伴随着失败与挫折出现，有时候持续的时间很短，只要稍加注意就会消失。但是也有比较严重的，长此以往，孩子的正常生活都会被打乱。

这种状态常出现在孩子考试没考好的时候，面对这一情况，家长应当做什么呢?

1. 家长应该控制自己的情绪。

孩子没有不希望自己考不好的，每次考试的时候他们都会抱着一定要考好的想法，一旦得到不好的结果就会产生沮丧的心情，这时候很容易就失去对这门课程的兴趣、信心。所以，成绩其实对孩子的影响很大。孩子成绩不好是有原因的，家长应该关心他们，帮他们一起找原因，而不是立刻表现出自己的不满；应该稳定自己的情绪，安慰已经很失望的孩子，让他们明白成绩不好只是一时的，只要端正心态继续加油，成绩一定会上去的。

2. 引领着孩子寻找为什么失败。

考试结束，能够及时地分析失败原因对孩子将来的学习很有好处。大多数孩子会把自己的失败归于四种类型，就是能力、努力、任务难度、运气。如果孩子觉得是自己能力不够才导致成绩不好，那么他就会失去对自己的信心，觉得就算是努力了也不一定有好成绩，将来也会失去积极性。但是如果他们认为是自己不够努力造成的，就会在以后的学习中更加努力，增强自己的积极性，有利于提高。

如果孩子在考得好的时候，认为这是自己能力强、付出了努力所得到的收获，他就会对自己产生认同，在今后的学习中仍会保持着这种积极心态。但是如果他们总结为是题目简单、自己运气好，就会削弱自己的成就感，积极性也会受到打击。

明白之后，我们就知道应该在什么方面引导、激励考试失败的孩子了。让他们明白失败的原因是来自于自己的努力程度，而不是自己本身不行。引导孩子想一想，自己平时上课认真吗？学习方法有问题吗？只有孩子一步步地了解到自己哪里欠缺了，才知道应该怎么改进。千万不要跟孩子说“都一样学习，你怎么就学不好呢”“可能就是你不适合这门课吧”……孩子只会渐渐地失去学习的劲头，更不愿意努力去提升了。

3. 让孩子能够正确地对待考试，做好长期奋斗的心理准备。

考试是检验孩子学习程度的手段，是帮助孩子提高的垫脚石，不是绊脚石。孩子应该对考试有着正确的理解，不要为了考试而考试。

让孩子明白，分数不重要，重要的是自己学会了什么，用了什么样的方法。而学习也不能是三分钟热度，它是长期的奋战过程。在一次次的考试中积累经验，调整自己，学习成绩才会进步，所以孩子不能轻易放弃。

如果感觉自己已经很努力了，可是还没有提高怎么办？放心，这不是笨，只是遇见了每个人都会遇到的“瓶颈”罢了。开始的时候大家都学得很快很好，但是学了一段时间后，一定会有人觉得自己好像进步不了了。这时候不要因此而失望、放弃，只要坚持弄懂所学的东西，就能够迈过瓶颈期。

正确对待考试，只要肯不懈地努力，就能够学得不错，成绩也会提高的。

小贴士：

我们要端正孩子的学习心态，让孩子明白，一时得失并不代表什么。哪怕考试没有考得很好，他们也是有机会成功的。让孩子侧重和自己比较，只要自己不断进步就是好的。这样教导孩子，就能帮助孩子缓解考试失败后的挫败感。

☆孩子考前压力大，教孩子当自己的“舒压导师”

［案例］小红上四年级了，是一个非常可爱外向的小姑娘，对待自己的学习也很认真，就有一点——特别害怕考试。每次小红知道要考试了，就陷入一种非常紧张的状态，心神不宁、情绪低落。真到了考场上，情况就更严重了，看着卷子小红的脑子里什么都没有了，连拿笔的手都在颤抖着，更别说能答好卷子了，能够看清楚题目讲的什么已经不错了。这导致小红的成绩总是不好。

小红的情况属于考试怯场。有很多孩子都会面临这种问题，这很容易导致发挥失常。考试怯场的原因有很多，有来自生理上的因素，也有心理因素。生理上的主要是指自己休息不够、锻炼不足导致的身体疲劳，以及营养不良、贫血等导致大脑供血不足，影响思考能力；在心理上的因素就比较复杂了，像是爸爸妈妈以及老师对孩子的期望较大，导致他们有太大的压力，还有学生自己因为过于重视考试成绩，也会让自己怯场。更有那些平时知识掌握得不牢、学习方法不好或者是不知道该怎样正确对待考试的孩子，也会因为失去自信过于忐忑导致怯场。有时候怯场还会因为考场的气氛过于沉重而产生。

总之怯场的原因有很多，但是孩子们总不能逃避考试的，所以家长要教会孩子正确地调整自己，消除怯场情绪。

1. 让孩子学会自己给自己放松。

家长应让孩子在考试前充分的放松自己的身体与精神，缓解自己的紧张感，降低怯场的可能。不妨闭上自己的眼睛，尽量让整个人都放松下来，舒缓紧张的肌肉。将手平放在膝上，找一个舒适的姿势坐下。想象一下，有一束阳光打在自己的身上，先照在自己的头顶，感觉到你的大脑很温暖、放松。然后慢慢地这束光开始向下走，照射到哪里，你的哪部分就感觉到温暖舒适。最后，你整个身心都会沐浴在温暖的阳光中，那些紧张与灰暗都消失不见了。只有快乐和轻松留在了自己身上。这样，孩子就能感觉到好像真的轻松了不少，紧张也不严重了。

2. 让孩子把自己当成赢家，然后学会坦然面对成败。

很多的孩子因为压力过大，如果一次考试失利，就很可能会在以后的考试时过分紧张，产生焦虑的情绪。其实这些焦虑都是因为孩子对于即将来临的考试产生疑惑，对失败的过分想象导致的。很多人，即使是成人也会有这种想法，那就是在一次失败之后就产生阴影，下回再去做的时候总会有必然失败的心理暗示。

还有的孩子不是因为一次的失败，而是因为自己没有信心而产生焦虑，但是越担心就会越没有自信，形成一种恶性循环。这时候也许孩子想转移注意力，不去想这些，但是就会发现自己越是刻意避开，越是总往那个方面想，最后学也学不下去，休息也休息不好。这是人无意识的一种大脑活动，我们也没有办法控制自己不去想。但是我们可以教会孩子去引导自己的想象，把事情往积极的方面靠拢。可以想象自己面对卷子的时候，发现题目都会做，发成绩单的时候会获得一个好成绩。这样的积极暗示会逐渐帮助孩子建立自信心。所以爸爸妈妈可以教孩子这样去做，一想到失败就立刻改为想象成功的一面，做几次，下回就能够自发进行良性暗示了。这并不是简单的“自欺欺人”，孩子往往会在这里得到支持，能够发挥得更好。

3．教孩子学会做“心灵体操”帮助自己。

其实，临近考试的时候，影响孩子成绩的已经不再是多学少学的问题了，而是心态调整的问题。这时候家长一定要告诉孩子对自己有信心，相信自己可以。如果出现问题了，爸爸妈妈可以教孩子做一个“加减乘除”的心灵体操。

“加”就是在学习之前加五分钟调整心态。这时候可以收拾一下文具、卷子，或者是坐着闭眼冥想一会儿，目的就是从之前的浮躁中脱离出来，让身体意识到自己将要学习了，之后就能够安心地学习，而不至于很久都进不了状态。“减”是指每学一小时就减去十分钟，用这段时间去休息。平时上课我们还有课间休息时间呢，就是因为孩子承受不了长时间不间断的学习。所以每学一段时间就应该放松一下，去窗户边呼吸新鲜空气，也可以在屋子里走动走动，做一下广播操。这样下一个阶段的学习效率就会有所提升。"乘"就是教孩子，自己一个人学不下去或者是遇到问题的时候，可以和几个同伴一起学习，在互相鼓励中学得会更久一点，大家一起讨论，互帮互助，学习也不那么苦闷了。"除"就是在遇到比较复杂难以解决的问题时，可以把它们分成好几段，一点一点地解决。像是学新的古文，又长又艰涩怎么也背不下来，就可以分段理解，然后先背一段，再继续。这样慢慢坚持，总会背下来。孩子能够从这些小成功得到积极性和自信心，这样之后就会学得更认真。

小贴士：

家长应该知道，那些对孩子的爱不只是孩子学习的动力，有时也能够成为他们的压力。只有给孩子一个轻松的学习环境，孩子才能够长足进步。一次考试并不代表什么，孩子能够拥有自信和积极性才是最重要的。这一点在孩子明白之前，家长应该先知道。

☆帮助孩子戒掉过于依赖别人的坏习惯

［案例］小惠今年上三年级了。在小惠更小的时候，爸爸就因病去世，妈妈一个人抚养小惠长大。不过小惠的妈妈在银行工作，家里经济条件还不错。因为小惠从小生活在单亲家庭中，妈妈还有姥姥姥爷都对小惠疼爱有加，觉得孩子缺失了太多的关爱，就在生活中的各个方面加以弥补。小惠上二年级了还不会自己穿衣系鞋带。小惠不敢自己一个人睡觉，一定要妈妈陪在身边

才能入睡。

就是生活在这样全方位的保护照料中，小惠变得胆小懦弱。当上课的时候，如果老师到小惠身边来站一下，小惠就会紧张得颤抖，笔都握不住，更别说叫小惠回答问题了。站在大家面前，小惠一句话也说不出来。长此以往，不仅老师很为难，小朋友也都不喜欢跟小惠相处。

像小惠这样，不能像别的小孩那样适应学校生活，也不具备应有的自理能力。这些都是因为长辈的过分关爱，使得她没有接受正常的生活教育。有很多的家长像小惠的妈妈一样，因为过分爱护孩子，不肯让孩子辛苦半分。如果有什么可能会让孩子受累的事情，他们就不让孩子自己去做。他们担心孩子被小朋友欺负，就干脆不让孩子随便交朋友。不管是上学还是放学都坚持接送，哪怕孩子已经足够自己应对了。就是因为像这样用爱编织了一个牢笼，才会把孩子胆小懦弱，容易自卑，在内心过分依赖长辈。

早有教育家曾经说过，只要是孩子能自己去做、自己去思考的，就尽量让他们自己去做。孩子如果过分地依赖长辈，就变得让人觉得娇气，不仅自己不会做很多事，还不容易被同龄人接受。所以爸爸妈妈一旦发现自己的孩子有过分依赖自己的倾向，就要尽快对孩子进行教育以纠正。

这种教导可以从小处做起。比如教孩子怎样洗手：用水打湿，用香皂搓出泡沫，最后冲洗干净。就算是比较简单，也不要不放心上。爸爸妈妈一定要耐心，一步一步地教孩子。即使孩子一开始做不好，也不要因此对他们生气或者直接帮他们去做，这就失去意义了。就算是家里条件比较好，有些事情也要让孩子去做，好锻炼孩子，让孩子不再过分地依赖别人。

1. 让孩子有积极性自己去做。

孩子不喜欢自己做事的原因很大部分是爸爸妈妈帮他们做得太多了，他们不觉得自己需要做，就会产生懒惰与依赖的习性。爸爸妈妈首先应该让孩子有自己动手的欲望，先培养他们的积极性。

2. 让孩子有机会去自己做。

有了积极性没有动手的机会也是不行的。有的孩子不去自己做一些看起来很简单的事，有时是因为他们“力不能及”。家长要增加孩子自己动手的机会。一开始孩子都会做得很慢甚至是做错，但是熟能生巧，父母不要因为看不过去就又为他们代办了。坚持让孩子自己做，就算是一时做得不好也别放弃。比如孩子刚开始自己吃饭，就算吃得很慢、吃得到处都是，也要多锻炼，试过几次他们就学会了。

3. 对孩子的成果要多表扬，让孩子在这个方面有自信。

有些事情，孩子不愿意去尝试，就是因为担心别人笑话自己。这是自信不足的表现。家长应该先让孩子明白不会有人嘲笑他，在孩子开始尝试的时候，要对他们的成果进行及时的肯定与鼓励，孩子就会从中得到成就感和积极性，之后也会更加乐意尝试、更加主动尝试。

小贴士：

要想让孩子树立独立生活、独立思考的品质，家长就要注意培养孩子放开手去尝试的习惯，比如一些生活小细节，像洗衣服、洗碗等孩子所力所能及的事情，我们要让孩子自己去干。只有这样，他们才能树立起独立意识，减少对别人的依赖。

☆当意外来临，孩子应该以什么心态来面对

［案例］春节，在某地酒楼意外发生了一场火灾。这场大火很快就夺走了几十人的生命。当时在二楼，有一家人正在吃饭。他们发现了火灾，但是当时门不知为何已经锁上了，他们没办法从紧急出口那里逃生，楼梯处全是火光，根本下不去。

就在这样紧急危险的情况下，孩子并没有慌乱。他在学校里学过一些如何应对火灾的知识，就让家里人都躲在餐厅的小包间里，然后分配好工作。大家有的人打开房间窗户负责求救，有的堵在门口，把餐厅的门缝挡住，防止烟雾灌进来。他们把窗帘、桌布等都扯下来，倒上啤酒饮料堵在门口。最后等来了搜救的消防员，他们全部获救了。

根据可靠数据表示，在意外事故中，孩子当场死亡的概率有百分之三十多，大多孩子并不是因为有致命伤而死，他们的死亡源于自己不懂如何自救。有时候孩子本身没有受伤，但是他们慌忙之下不知道通过安全的方式逃生，才被灾难夺去生命。而这件事例中的主人公，也是个孩子，却处变不惊，不仅保护了自己，也保护了家人。

所以，家长应该锻炼孩子，在遇见突发事件的时候能够以一种良好的冷静心态对待。那么，家长具体应该怎么做呢？

1．让孩子应该知道一些关于安全的基本常识。

上幼儿园的孩子已经不小了，有一些安全常识应该让他们知道，像是家中的电器、煤气怎样使用才安全，药箱里不同的标志有什么意义，出门在外应该注意什么，不要随便接受陌生人给的东西……家长不要对

此掉以轻心。举个例子吧，有个孩子上二年级了，因为好奇为什么灯泡可以亮，就找了个灯泡做实验，结果不小心触电死了。家长让孩子知道了怎样安全用电，这种灾难不就不会发生了吗？

2. 让孩子懂得在意外发生的时候应该怎么做。

孩子能知道应对意外的方法是十分重要的。像在煤气泄漏的时候，孩子应该开窗通风，但是不能够点火、开灯甚至是打电话，不然就有可能爆炸，这就应该让孩子知道。遇到意外的时候，孩子要知道该拨打什么样的紧急电话求救，也要知道一些医学常识，比如中暑、失血等应该怎样急救。如果孩子遭遇坏人意图拐卖，一定要寻求机会找到公安机关求救。有一个孩子被拐到农村，找到机会去镇上派出所最后获救的例子，由此看出这些知识是很有用的。

3. 让孩子学会控制自己。

很多孩子就算已经学会了怎样保护自己，但是他们因为天性不受约束，贪玩淘气，没什么自我控制能力，有时候一旦注意力被外物吸引，就会造成不好的后果，所以爸爸妈妈应该有目的地锻炼孩子的自控能力。孩子通过训练能够改善自己的天性，只要加强孩子对突发状况的应对训练，孩子就能够改善自己的心理承受能力，面对事情更加冷静、镇定。

4. 注意培养孩子形成坚强的性格。

性格不是天生的，而是后天环境塑造的。家长不应该对孩子过分溺爱，而要注意磨炼孩子，让孩子养成坚强、勇敢的品性。当意外来临时，坚强的孩子往往更容易面对。

小贴士：

对待意外，我们除了要扶正孩子的心态，还得科学、明确地告诉孩子，某些意外的发生背后所隐藏的因素有哪些，教育孩子如何规避可能会引发意外的人为因素，让孩子科学地掌握安全知识，这样就能更好地规避意外的发生了。

☆教孩子用乐观克服沮丧，撇开心理阴影

这个世界上并没有十全十美的事情，孩子也会遇到困境与失意，比如学业上的困难、家庭中的冲突矛盾、与同学之间产生的不愉快，如果不能够好好解决，孩子很可能会深受这些事情的不良影响，最后变得焦虑、抑郁，损害自己的身心健康。

孩子的经历与心态经常会影响到他人生观的建设，将来甚至能在他的某些行为上看出端倪，所以对孩子心理上的关注远比关注他的身体健康更重要。在理论上，心理上一般的问题不是无药可救，都能够通过自我的调节来解决。很多的方式能让孩子放松自己的身心，排除心理上的压力与阴影，重获心理健康。关键就在于应该用什么样的心态和方式去对待“心病”。那么家长到底要如何做呢？

1. 爸爸妈妈应该注意家庭氛围的建设。

只有拥有一定的安全感，人们才能产生快乐的心情。家庭的氛围还有家人的关系都能够影响孩子建立自己的性格和观念。研究证明，孩子自己还不会说话的时候就能够感知到环境的影响，虽然他们不能表达，但是一个充满着敌意的家庭不会给他带来好的影响，孩子也很难变得乐观开朗。父母应该为孩子创建一个温馨乐观的环境，用爱来滋养着孩子，他们才能感到安全快乐。

2. 尽情向孩子展示自己的爱。

“严父慈母”的传统观点让很多父亲不太会向孩子展示自己的爱，但是严格与爱并不冲突。一个从小没有感受过爱，没有对长辈产生过依恋的孩子长大以后很可能会变得冷漠，他们将不会向别人付出自己的爱，因为他们在成长中没有机会去学习，这会让孩子失去很多的快乐，乐观向上又从何而来呢？爸爸妈妈应该对孩子表现出自己的支持，要相信“爱”说出来更好。这样孩子才能够积极地对待生活，即使是遇到挫折与艰辛，也能够乐观面对。比如孩子因为意外打碎了碗，爸爸妈妈应该安慰一下，让他们不要介意，下次注意就好，而不是呵斥他们，说“这么笨，你做什么能行啊”之类的话，这样只会让孩子自卑，也影响感情。

3. 对孩子说“你能行”。

一个积极向上的孩子永远对生活充满自信，相信自己能把握生活，克服困难。父母应该让孩子制定一个目标，一个可以实现的期望，然后知道怎样能够实现它。在孩子实现目标的时候适当地给他们鼓励与肯定，孩子就会得到成就感和自信。

4. 学会欣赏孩子的优点。

心理学家认为，每个人都需要被人欣赏了解。孩子因为心理上更脆弱，也更需要这些。爸爸妈妈应该在生活中注意了解孩子的内心，鼓励他们、赞美他们，他们就能够获得更多的动力与自信。所以，哪怕孩子的进步只有一点，爸爸妈妈也应该说“你真厉害！”孩子不仅仅会觉得自信幸福，还能养成乐观的性格。

5. 爸爸妈妈以身作则，积极乐观。

父母想要教育出积极乐观的孩子，首先自己要做榜样。在生活中、工作时，成人会遇到比孩子更多的困境，在爸爸妈妈处理困境的时候，孩子也会跟着学习。所以想要教育孩子，面对困境父母应该首先表现得自信乐观，充满希望，孩子才会乐观地面对生活。要让孩子知道，快乐能够永远陪在人的身边，一切困境都只是暂时的，迈过去就成功了。只要乐观看待，生活总是充满着美好。

6. 引领孩子在困境中走出来。

孩子总会出现不高兴的低落时期，即便是平时开朗乐观的孩子也会这样，因为他们总会遇到困境。如果孩子沉闷不说话，情绪低落，家长要及时抽时间帮助孩子排解。要让孩子明白，坚强去面对，困难就总会克服的，不要被困境消磨意志。爸爸妈妈要经常跟孩子沟通，引导孩子倾诉自己的烦恼。能不能帮助孩子重获快乐，就要看父母能不能正确引导了。父母让孩子掌握了一些保持乐观的方法，孩子就能击溃消极情绪。

7. 别总是压制孩子。

有的父母很爱孩子，但是孩子仍然不快乐，因为他们的爱剥夺了孩子的自由。过分的爱，就是沉重的负担，反而会让孩子受不了。我们既要孩子养成乐观的性格，也要尊重孩子的意愿，多让他们去接触新的事物，提高他们的承受能力。

小贴士：

当我们发现孩子有忧郁、消极等情绪的时候，我们首先要自身检讨，看看自己是不是给孩子传递了负能量，家庭环境是不是给孩子以消极的影响了。尽量摒除阻碍孩子身心发展的消极因素，给孩子一个健康快乐的环境，这有助孩子的心态更加乐观开朗。

☆教会孩子，不要为坏人和陌生人保守秘密

有的孩子们会因为自己的聪明可爱而得到别人的赞美，家长对此一般都十分自豪、高兴。此时家长可能会放下防线跟陌生人进行过多的交流。这时候孩子会变得更加大胆，对待陌生人也会很“不认生”，这并不是一个安全的行为。家长在对待赞美自己孩子的陌生人时，应当谨慎，简单的感谢之后就可以礼貌地让孩子跟他们再见了。这不仅能保护自己的孩子，不会泄露孩子信息，孩子也能从家长的行为中了解到“不应与陌生人交谈”，从而也学会谨慎对待。

在日常生活中，家长们就应该跟孩子强调一番，要学会拒绝别人给自己的东西，尤其是食物。让孩子学会拒绝陌生人的礼物，是父母应当做到的最为简单的自我保护教育。不过即便如此也不能掉以轻心，有调查表明，性侵儿童的犯罪分子大概90%都是孩子认得的人，所以对于女孩子，家长应当多提醒不要自己住在外面或者是跟着异性单独去什么地方，即使是熟人也不行。

父母应该让孩子明白，不管发生了什么样的事情，只要孩子能够把实话说清楚，父母都会原谅他们，并会尽自己所能去帮孩子解决。当孩子们把实情说出来，家长们应当第一时间对孩子表示信任，并且为他们提供帮助。只有这样孩子们才会信任家长，在遇到像是性骚扰之类的事情时，才能及时发现并解决。有时候家长不相信孩子，致使邪恶行为一直持续下去，给孩子造成更大伤害。

［案例］皮皮每天刚刚天亮了就出门，一直摘松子摘到天黑才回家。

妈妈看皮皮好像很累，就问皮皮："这几天你怎么了？有事情怎么也不告诉妈妈呢？"皮皮赶紧紧张地否认了："没有什么！我……我就是跟小朋友玩了一天，太累了，都不想说话了。"皮皮妈妈觉得皮皮有事情瞒着她，就在第二天皮皮出门的时候偷偷跟着他。过了一会儿，妈妈就发现皮皮在树上摘松子呢，原来皮皮在说谎。

妈妈对皮皮喊："你不是去跟小朋友们一起做游戏去了吗？怎么跑到这里来？"

皮皮一下被妈妈吓得从树上掉了下来，哭着说："妈妈，我……我给大灰狼摘松子呢！他说，我要是告诉别人，就算是你和爸爸，他就会来把我们都吃了！怎么办，你知道这件事了，我们会不会被吃掉……"

妈妈把皮皮的眼泪擦干，告诉他不必担心，妈妈会永远站在皮皮身边保护他的。"皮皮要相信妈妈，有什么事妈妈都能帮你解决的，就算不行，妈妈也会找别人帮忙啊！"

皮皮点头答应了妈妈，两个人一起回到了家。之后皮皮的爸爸妈妈把自己的好朋友都叫来了，大家一起藏起来，在大树上等着。大灰狼一过来拿松子，大家就用松果打大灰狼，大灰狼跑掉了。

父母应当告诉孩子，爸爸妈妈都是孩子最好的伙伴，有什么事情，开心的难过的，都可以跟爸爸妈妈分享。爸爸妈妈会帮着孩子解决一切的难题。如果有坏人让他们为自己保守秘密，一定要记得告诉爸爸妈妈。

如果有坏人欺负自己，就算是自己答应了对方不会告诉别人，哪怕是已经发了誓，也一定要把事情告诉爸爸妈妈，而不要一直藏着这个秘密。就像有人欺负你，他们一般会说：“跟爸爸妈妈告状是胆小鬼，是废物！你要做废物吗？你不能告诉别人！”这是一种正确的行为吗？当然不是，孩子应该知道，自己也可以不保守秘密，这是他们的权利。

孩子还有不跟陌生人说话的权利。如果有不认识的人跟孩子们说话，那就完全可以忽略他，装成没听到，直接走开就好了。当家里有陌生人敲门的时候，孩子有不开门的权利。这不是不礼貌。要让孩子知道，这是他们应该具有的安全意识。

小贴士：

如果我们想要让孩子明白，并非什么秘密都不能说出来，尤其是不能替坏人保密，那该如何？我们可以尝试做一场家庭式的真心话大冒险。在父母察觉孩子心事重重的时候，爸爸妈妈可以以“真心话大冒险”的游戏方式，和孩子一边玩游戏，一边让孩子敞开心扉。

☆告诉孩子远离“优柔寡断”的小妙招

［案例］小阳是个脾气很好的孩子，还很好学。平时遇到别人寻求帮忙，就算自己不太想做，小阳一般也不会拒绝别人。临近考试的一个周末，小阳把自己的时间安排得很紧，上午要背课文、写

作文，下午做数学，晚上还得复习别的。不过那天，上午九点多就有同学找他一起去踢足球。小阳想到自己还有很多事要做，就不想去，但是他看着那么多的同学邀请他，不好意思拒绝，就跟大家一起去了。上午的计划就这样泡汤了。下午，小阳刚拿起书本，就有人给自己打电话，原来是小云想和他一起去少年宫看展览。小阳一想，上午的时间都已经用来踢球了，下午一定要多学一点，这就要拒绝。但是小云极力劝说小阳，最后他还是答应了。到了晚上，小阳终于有机会拿起书本。看什么好呢？语文、数学……哪一门都很重要啊！最后小阳也不知怎么才好，索性看了一晚上的电视。

小阳表现得优柔寡断，就是因为自己没有果断的意志力。一个行动果决的人，能够根据情况很快地分析形势并作出决定，这种决定不轻易动摇而且会很快执行。果断并不等同于盲目，而是基于对状况的透彻了解，并对此进行仔细分析，然后迅速做下决定。孩子因为缺乏经验，常常不能全面地思考问题，因此很容易在实施自己的计划时受到外力的影响，最终犹豫不决。长此以往，会对孩子会产生不利的影响。

首先，家长应该明白，孩子的这种优柔寡断的性格形成不是一天两天的事，那么想要改变也不能一蹴而就。只有通过耐心的帮助，在各方面加以改善，孩子的性格才有可能改变。

1. 在内心尊重孩子的意志。

父母可以仔细想一想，是不是在处理跟孩子的生活、学习有关的一些事情时，自己并没有考虑孩子的想法就做了决定？孩子是什么感受自己知道吗？孩子要成为有主见、果断的人，就应该从让他们自己做主开始，尊重孩子的意见。

2. 帮孩子摆脱对别人的依赖。

在遇到事情的时候，知道征求、参考别人意见，这样的孩子是聪明的；但是如果只会听从别人的意见，就是缺乏主见了。缺乏主见，是遇事习惯依赖别人所致。只有拿走孩子所依赖的东西，他才会自己“行走”，养成自主决断的习惯。遇到事情，孩子如果询问家长，爸爸妈妈不要马上就告诉他们该怎么做，而是去鼓励他们自己想。就算孩子所想并不成熟，爸爸妈妈也应该给予肯定，然后再帮他们完善。让孩子享受到自己做决定的快乐，这对孩子的健康成长非常关键。

3. 教育孩子遇事当断则断。

有的孩子处理事情总顾虑到方方面面，这本来应该提倡，但是一旦思虑过度就容易导致优柔寡断。绝对的完美并不存在，孩子应该知道这一点。在追求周全的时候错失良机才是最遗憾的，所以让孩子不要犹豫，该做决定的时候就要做决定。

一个拥有良好品行的孩子就应该有自己的主见，会做出选择并承担，这比什么分数都重要，所以爸爸妈妈一定要注重培养。

小贴士：

很多人形容孩子优柔寡断是“选择恐惧症”，这有一定的道理，孩子总是不会自己下决定。为此，当孩子遇到问题，请求父母帮助的时候，家长可以首先提供两三个方面的选择，以培养他们的抉择能力。当时机成熟，再提供更多方面的选择。

☆当孩子有自卑情绪的时候，一定要帮助他们改变

[案例]小莉平时很内向，课堂上不敢主动回答问题，在跟同学的交流中也表现得忐忑、羞涩。平时大家都会参加的集体活动，她也不是很积极。老师对这一点很重视，询问小莉。她是这样回答的："我觉得大家都比我优秀，我要是做得不好，他们会嘲笑我的。"

小莉与其说是内向，不如说是自卑。她总觉得别人比自己强，自己做什么都比不上别人，就算做了也没自信，总担心被人笑话。她一直在心里贬低自己，不愿意跟别人交往。这样内心自卑的孩子经常是内向寡言的，他们以往很少有受到表扬的机会，在形成对自己的认识的过程中，因为没有得到周围人的赞美、肯定，导致对自己评价很低。他们通常只注意自己的缺点，太缺乏自信心。

孩子如果有自卑的心理，家长一定要注意帮助孩子把它克服，不然很有可能在长大后形成自卑懦弱的性格。

1. 教育孩子，努力改变自己的形象。

自卑的孩子，常常说话声音小、结结巴巴，走路习惯低头。改变这些形象，有助于孩子塑造好的心态。一个干净大方的装扮能让孩子增强自信，教会他们昂首挺胸的走姿能改变气质。越是心理自卑的孩子，在形象上应该越注意。

2. 父母要在语言上进行暗示。

有的心态是通过语言暗示产生的。爸爸妈妈可以用积极的语言帮助

孩子克服消极心态。像是“你可以的”“你一定行”之类的，不仅父母多鼓励，孩子也可以常对自己说，形成积极的态度。

3. 引导孩子想象胜利。

有的孩子因为遇到了一些苦难，就把结局想的极失败，以至于自己不敢再行尝试。让孩子尽量往好的方面想，当获得胜利的时候是怎样的快乐。虽然这并不一定成真，但是孩子能因此获得自信，愿意去做一些尝试。

4. 鼓励发扬自己的长处。

每个人都有自己的长处与短处。哪怕是一个天才，如果天天面对的是自己不擅长的方面，也会丧失信心。孩子如果有自卑心理，让他们多去尝试自己擅长的东西，经常获得成功会让孩子变得充满信心，这样在开心之余，自卑心态也会减少。所以给孩子一个发挥长处的机会，可以帮助他们重获自信。

5. 和孩子一起积攒成功。

自信会随着成功而堆积，每一个成功都会在人的心中留下好的影子，一旦想起就能够再次体会到当时的开心，从而得到自信。对一个自卑的孩子来说，能让他多想起自己成功的事情，会让他获得很多的信心。可以用纸笔把孩子的成功记录下来，帮助他们变得自信。

6. 引导孩子洗刷阴影。

一个自卑的孩子，通常比别的孩子多一些挫折经历，这些阴影影响了他对自己的评判与认同感。只有洗刷掉曾经的阴影，孩子才能重拾自信。所以让孩子忘掉过去的失败，指引他们向前看；即便孩子不能忘掉过去的失败经历，也要帮助孩子正确地看待失败，把这种经历当成经验，在其中学到如何成功。

7. 和孩子做做逆向比较。

不管是自卑还是自信，往往都是跟别人比较之后才产生的心理。一般我们不会赞同孩子用自己的长处与别人的短处相比，这会让孩子不愿意进步。但对于自卑的孩子来说，这种“逆向比较”能够帮助他们消除自卑，知道别人也有不及自己的地方，从而正确认识自己。

8. 适当地教育孩子降低追求。

有人提倡人应该立一个远大的志向，但是对于进步相对慢一些的孩子来说，太远大的志向只会让他们灰心，还不如立一个自己容易实现的目标。这会让孩子受到鼓励，每天进步一点点，最终也会成大器。

小贴士：

在摒除孩子自卑情绪的过程中，家长一定要端正观念，别总将自己的孩子和别人家的孩子比较。家长们的攀比容易让孩子产生“自己不如别人”的错觉，这样对孩子而言有十分不良的影响。